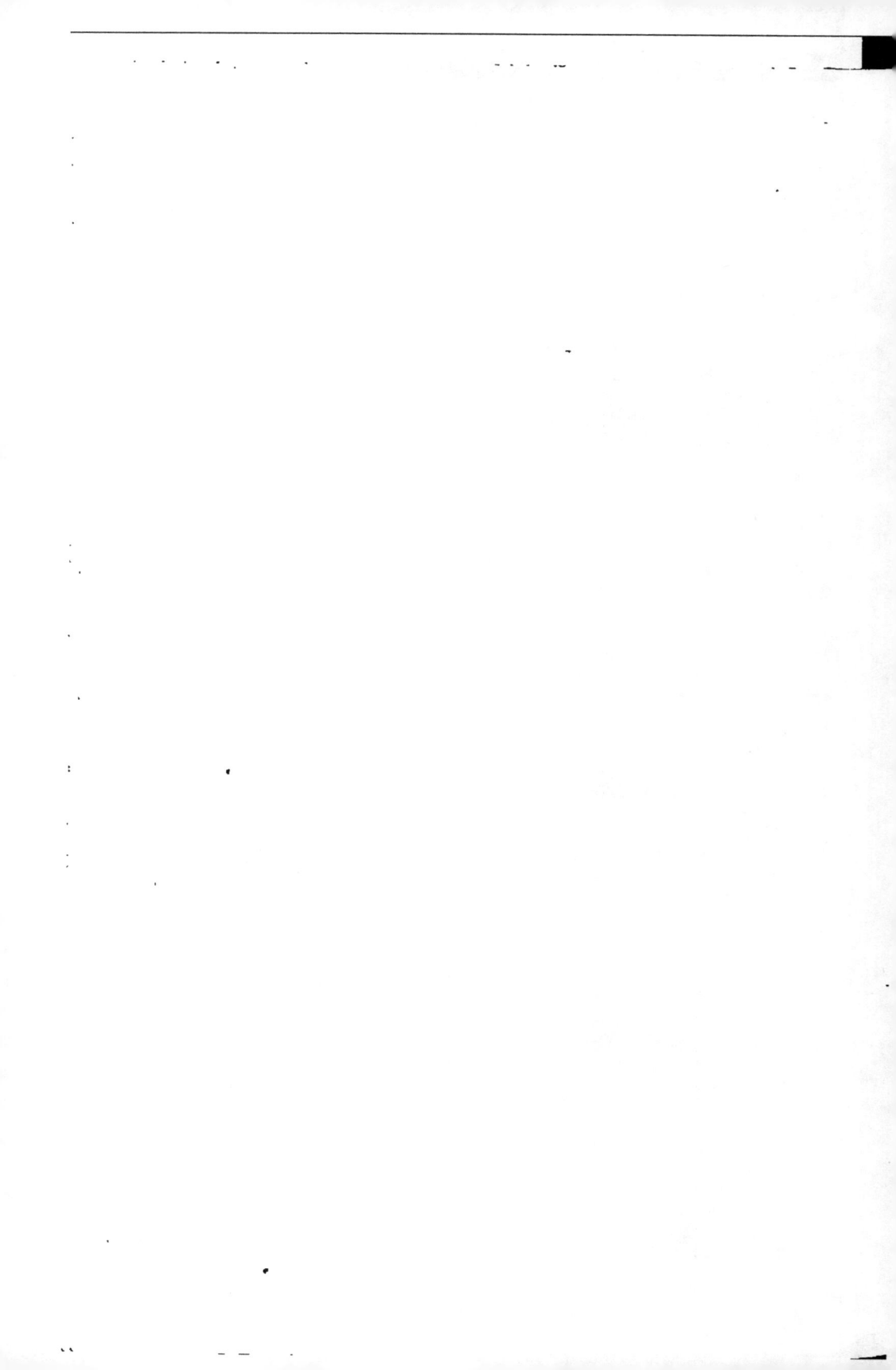

ŒUVRES

DE

J. P. FLORIAN.

TOME PREMIER.

AVIS AUX CITOYENS.

D'APRÈS le traité fait entre nous, J. P.
FLORIAN, auteur d'un ouvrage qui a pour
titre : GALATÉE, et J. J. LEPETIT, Libraire, nous déclarons que cet ouvrage est notre
propriété commune, conformément aux clauses
dont nous sommes convenues. Nous le plaçons
sous la sauve-garde des loix et da la probité des
citoyens, et nous poursuivrons devant les tribu-
naux tout contrefacteur et tout distributeur
qui, au mépris de la propriété et des loix exis-
tantes, mettroit au jour des éditions contrefaites.

A Sceaux-l'Unité, ce 10 Floréal, l'an second
de la République française, une et indivisible.

J. P. Florian

Lepetit jeune

Cervantes

Il corrigea son siècle et mourut de misère.

GALATÉE,

PASTORALE,

IMITÉE DE CERVANTES,

PAR J. P. FLORIAN.

NOUVELLE ÉDITION.

On peut donner du lustre à leurs inventions :
On le peut, je l'essaie ; un plus savant le fasse.
LA FONTAINE, II, 1.

A PARIS,

Chez LEPETIT, Libraire, quai des
Augustins, N°. 32.

L'AN 11mo. DE LA RÉPUBLIQUE.

VIE
DE CERVANTES.

MICHEL DE CERVANTES SAAVEDRA, dont les écrits ont illustré l'Espagne, amusé l'Europe, et corrigé son siècle, vécut pauvre, malheureux, et mourut presque oublié. On ignoroit encore il y a peu d'années quel étoit le véritable lieu de sa naissance : Madrid, Séville, Lucène, Alcala, se sont disputé cet honneur. Cervantes, ainsi qu'Homère, Camoëns, et beaucoup d'autres-grands hommes, trouva plusieurs patries après sa mort, et manqua du nécessaire pendant sa vie.

L'académie espagnole, sous la protection de son souverain, vient de rendre à la mémoire de Cervantes

A 3

l'hommage que l'Espagne lui devoit depuis trop long-temps : elle a publié une magnifique édition du DON QUICHOTTE. Il semble qu'on ait cru que tout ce luxe typographique pouvoit réparer les torts de la nation envers l'auteur. Sa vie est à la tête, écrite, d'après les recherches les plus exactes, par un académicien distingué. Je suivrai cette autorité pour tout ce qui regarde les faits, me permettant de parler des ouvrages de Cervantes selon le sentiment qu'ils m'ont inspiré.

Cervantes étoit gentilhomme, fils de Rodrigue de Cervantes et de Léonor de Cortinas. Il naquit à Alcala de Hénarés, ville de la nouvelle Castille, le 9 octobre 1547, sous le règne de Charles-quint.

Dès son enfance il aima les livres. Il fit ses études à Madrid sous un célèbre professeur, dont il surpassa bientôt les plus habiles écoliers. La grande science de ce temps-là étoit le latin et la théologie. Les parens de Cervantes en vouloient faire un ecclésiastique ou un médecin, seules professions utiles en Espagne ; mais il eut encore ce trait de commun avec plusieurs poëtes célèbres, de faire des vers malgré ses parens.

Une élégie sur la mort de la reine Isabelle de Valois, plusieurs sonnets, un petit poëme appellé FILENE, furent ses premiers essais. Le peu d'accueil qu'on fit à ces ouvrages lui parut une injustice : il quitta l'Espagne, et alla se fixer à Rome, où la misère le força d'être valet-de-chambre du cardinal Aquaviva.

Dégoûté bientôt d'un emploi si peu digne de lui, Cervantes se fit soldat, et combattit avec beaucoup de valeur à la fameuse bataille de Lépante, gagnée par Don Juan d'Autriche, en 1571 : il y reçut à la main gauche un coup d'arquebuse dont il fut estropié toute sa vie. Cette blessure lui valut pour récompense d'être mis à l'hôpital à Messine.

Sorti de cet hôpital, le métier de soldat invalide lui parut préférable à celui de poëte méprisé. Il alla s'enrôler de nouveau dans la garnison de Naples, et demeura trois ans dans cette ville. Comme il repassoit en Espagne sur une galère de Philippe II, il fut pris, et conduit à Alger par Arnaute Mami, le plus redouté des corsaires.

La fortune, qui épuisoit ses rigueurs sur le malheureux Cervantes, ne put lasser son courage. Esclave d'un maître cruel, sûr de mourir dans les tour-

mens s'il osoit faire la moindre tentative pour se remettre en liberé, il
concerta sa fuite avec quatorze captifs espagnols. On convint de racheter
un d'entre eux qui retourneroit dans
sa patrie, et reviendroit avec une
barque enlever les autres pendant
la nuit. L'exécution de ce projet n'é-
toit pas facile; il falloit d'abord amas-
ser la rançon d'un prisonnier, ensuite
s'échapper tous de chez leurs différens maîtres, et pouvoir rester rassemblés, sans être découverts, jusqu'au moment où la barque viendroit
les prendre.

Tant de difficultés paroissoient
insurmontables: l'amour de la liberté
vint à bout de tout. Un captif navarrois, employé par son maître à cul-
tiver un grand jardin sur le bord de
la mer, se chargea d'y creuser, dans
l'endroit le plus caché, un souterrain

A 5

capable de contenir les quinze Espagnols. Le Navarrois mit deux ans
à cet ouvrage. Pendant ce temps on
gagna, soit par des aumônes, soit
à force de travail, la rançon d'un
Maïorquin, nommé Viane, dont on
étoit sûr, et qui connoissoit parfai-
tement toute la côte de Barbarie.
L'argent prêt, et le souterrain achevé, il fallut encore six mois pour
que tout le monde pût s'y rendre:
alors Viane se racheta, et partit
après avoir juré de revenir dans
peu de temps.

Cervantes avoit été l'âme de l'entreprise ; ce fut lui qui s'exposa
toutes les nuits pour aller chercher
des vivres à ses compagnons. Dès
que le jour paroissoit, il rentroit
dans le souterrain avec la provision
de la journée. Le jardinier, qui
n'étoit pas obligé de se cacher, avoit

sans cesse les yeux sur la mer pour découvrir si la barque ne venoit point.

Viane tint parole. Arrivé à Maïorque, il va trouver le vice-roi, lui expose sa commission, et lui demande de l'aider dans son entreprise. Le vice-roi lui donne un brigantin : Viane, le cœur rempli d'éspoir, vole à la délivrance de ses frères.

Il arriva sur la côte d'Alger le 23 septembre de cette même année 1577 ; un mois après en être parti. Viane avoit bien observé les lieux ; il les reconnut quoiqu'il fît nuit : il dirige son petit bâtiment vers le jardin où on l'attendoit avec tant d'impatience. Le jardinier, qui étoit en sentinelle, l'apperçoit, et court avertir les treize Espagnols. Tous

A 6

leurs maux sont oubliés à cette heureuse nouvelle ; ils s'embrassent,
ils se pressent de sortir du souter-
terrain, ils regardent avec des larmes de joie la barque du libérateur ;
mais, hélas ! comme la proue tou-
choit la terre, plusieurs Maures
passent et reconnoissent les chré-
tiens ; ils crient aux armes : Viane
tremblant reprend le large, gagne
la haute mer, disparoît ; et les malheureux captifs, retombés dans les
fers, vont pleurer au fond du souterrain.

Cervantes les ranima : il leur fit
espérer, il se flatta lui-même que Viane reviendroit ; mais on ne vit plus
reparoître Viane. Le chagrin, et
l'humidité de leur demeure étroite
et mal-saine, causèrent d'affreuses
maladies à plusieurs de ces malheu-

reux. Cervantes ne pouvoit plus suffire à nourrir les uns, à soigner les
autres, à les encourager tous.

Il se fit aider par un de ses compagnons, et le chargea d'aller chercher
des vivres à sa place. Celui qu'il
choisit étoit un traître : il va trouver
le roi d'Alger, se fait musulman,
et conduit lui-même au souterrain
une troupe de soldats qui enchaînent
les treize Espagnols.

Traînés devant le roi, ce prince
leur promit la vie s'ils vouloient déclarer quel étoit l'auteur de l'entreprise. C'est moi, lui dit Cervantes,
sauve mes frères, et fais-moi mourir. Le roi respecta son intrépidité;
il le rendit à son maître Arnaute
Mami, qui ne voulut pas faire périr
un si brave homme. Le malheureux
jardinier navarrois, qui avoit fait le
souterrain, fut pendu par un pied,

jusqu'à ce que le sang l'eût étouffé.

Cervantes, trompé par la fortune, trahi par son ami, rendu à ses premiers fers, n'en devint que plus ardent à les briser. Quatre fois il échoua, et fut sur le point d'être empalé. Sa dernière tentative étoit de faire révolter tous les esclaves, d'attaquer Alger, et de s'en rendre maître. On découvrit la conspiration, et Cervantes ne fut pas mis à mort : tant il est vrai que le véritable courage en impose même aux barbares !

Il est vraisemblable que Cervantes a voulu parler de lui-même dans la Nouvelle de L'ESCLAVE, une des plus intéressantes de DON QUI-CHOTTE, lorsqu'il dit que » le cruel » Azan, roi d'Alger, ne fut clément » que pour un soldat espagnol, nom- » mé Saavedra, qui s'exposa souvent

» aux plus affreux supplices, et
» forma des entreprises qui, de long-
» temps, ne seront oubliées des in-
» fidèles. »

Cependant le roi d'Alger voulut
être maître d'un captif si redoutable:
il acheta Cervantes, d'Arnaute Mami, et le resserra étroitement. Peu
de temps après, ce prince, obligé
d'aller à Constantinople, fit demander en Espagne la rançon de son prisonnier. La mère de Cervantes, Léonor de Cortinas, veuve et pauvre,
vendit tout ce qui lui restoit, et
courut à Madrid porter trois cents
ducats aux Pères de la Trinité, chargés de la rédemption des captifs.

Cet argent, qui faisoit tout le bien
de la veuve, étoit loin de suffire;
le roi Azan vouloit cinq cents écus
d'or. Les Trinitaires, touchés de
compassion, complétèrent la somme,

et Cervantes fut racheté le dix-neuf septembre 1580, après un esclavage de cinq ans.

De retour en Espagne, dégoûté de la vie militaire, et résolu de se livrer entièrement aux lettres, il se retira près de sa mère avec la douce espérance de son travail. Cervantes avoit alors trente-trois ans. Il débuta par GALATÉE, dont il ne donna que les six premiers livres, et qu'il n'a jamais achevée. Cet ouvrage réussit assez bien. La même année il épousa Dona Catherine de Palacios : elle étoit fille de bonne maison, mais pauvre ; et ce mariage ne l'enrichit pas. Pour soutenir son ménage, Cervantes fit des comédies : il assure qu'elles eurent beaucoup de succès. Mais bientôt il quitta le théâtre pour un petit emploi qu'il obtint à Séville où il alla s'établir. C'est-là qu'il a fait celles de ses NOUVELLES, où il dépeint si bien les vices de cette grande ville.

Cervantes avoit près de cinquante ans alors lorsqu'il fut obligé de faire un voyage dans la Manche. Les habitans d'un petit village, nommé l'Argamazille, prirent querelle avec lui, le traînèrent en prison, et l'y laissèrent long-temps. Ce fut là qu'il commença DON QUICHOTTE. Il crut se venger de ceux qui l'insultoient, en faisant de leur pays la patrie de son héros : il affecta cependant de ne pas nommer une seule fois dans son roman, le village où on l'avoit si mal traité.

Il ne donna d'abord que la première partie de DON QUICHOTTE, qui ne réussit point. Cervantes connoissoit les hommes : il publia une petite brochure appellée LE SERPENTEAU.

Cet ouvrage, qu'il seroit impossible de retrouver aujourd'hui, même en Espagne, sembloit être une critique de DON QUICHOTTE, et couvroit de ridicule ses détracteurs. Tout le monde lut cette satire, et DON QUICHOTTE obtint par cette bagatelle la réputation que depuis il n'a due qu'à lui-même.

Alors tous les ennemis du bon goût se déchaînèrent contre Cervantes : critiques, satires, calomnies, tout fut mis en œuvre. Plus malheureux par son succès qu'il ne l'avoit jamais été par ses disgraces, il n'osa rien donner au public de plusieurs années. Son silence augmenta sa misère, sans appaiser l'envie. Heureusement le comte de Lémos et le cardinal de Tolède lui accordèrent quelques secours. Cette protection, que Cervantes a tant fait valoir, lui fut continuée jusqu'à sa mort; mais elle ne fut jamais proportionnée ni au mérite du protégé, ni aux richesses des protecteurs.

Cervantes, impatient de marquer sa reconnoissance au comte de Lémos, lui dédia ses NOUVELLES, qui parurent huit ans après la première partie de DON QUICHOTTE. L'année suivante il donna son VOYAGE AU PARNASSE. Mais ces ouvrages lui valurent peu d'argent, et les secours du comte de Lémos furent toujours bien foibles, puisque Cervantes, pour avoir du pain, fut obligé d'imprimer huit comédies, que les comédiens refusèrent de jouer.

Il sembloit destiné à tous les malheurs et à toutes les humiliations. Cette même année un Aragonois, qui prit le nom d'Avellaneda, fit une suite de DON QUICHOTTE,

suite pitoyable , sans goût, sans
gaieté , sans esprit, mais dans laquelle il disoit beaucoup d'injures
à Cervantes. Cette espèce de mérite
fit lire l'ouvrage. Cervantes y répondit comme l'on devroit répondre à
toutes les satires ; il publia la seconde
partie de DON QUICHOTTE, su-
périeure encore à la première. Tout
le monde convint de son mérite :
mais plus on étoit forcé de lui rendre
justice, moins on étoit fâché qu'un
rival , même méprisable , insultât
celui qu'il falloit admirer. L'Epagne
n'est peut-être pas le seul pays du
monde où la malignité , si sévère
pour les bons ouvrages, est toujours
indulgente pour leurs détracteurs.
Tant que Cervantes vécut, on lut
Avellaneda ; dès qu'il fut mort, son
ennemi fut oublié.

La seconde partie de DON QUI-

CHOTTE fut le dernier ouvrage imprimé pendant sa vie. Il travailloit encore au roman de PERSILES ET SIGISMONDE, lorsqu'il fut attaqué de la maladie dont il mourut : c'étoit une hydropisie. Il sentit bien qu'il ne pouvoit guérir ; et craignant de n'avoir pas le temps de finir son ouvrage, il augmenta son mal par un travail forcé. Bientôt il fut à l'extrémité. Tranquille et serein au lit de la mort, comme il avoit été patient dans ses malheurs, sa constance et sa philosophie ne se démentirent pas un moment. Quatre jours avant d'expirer, il se fit apporter son roman de PERSILES, et traça d'une main foible l'épître dédicatoire adressé au comte de Lémos, qui arrivoit en ce moment d'Italie. Cette épître mérite d'être rapportée : la voici.

A DON PEDRO FERNANDÈS DE CASTRO, comte de Lémos, etc.

» Nous avons une vieille romance
» espagnole qui ne va que trop bien ;
celle qui commence par ces mots :

  » La mort me presse de partir ,
  » Et je veux pourtant vous écrire , etc.

  » Voilà précisément l'état où je
» suis, ils m'ont donné hier l'extrême-
» onction (1) ; je me meurs, et je
» suis bien fâché de ne pouvoir pas
» vous dire combien votre arrivée
» en Espagne me cause de plaisir.
» La joie que j'en ai auroit dû me
» sauver la vie ; mais la volonté de
» Dieu soit faite ! Votre excellence
» saura du moins que ma reconnois-
» sance a duré autant que mes jours.
» J'ai bien du regret de ne pouvoir
» pas finir certains ouvrages que je
» vous destinois, comme les SEMAI-
» NES DU JARDIN , le GRAND BER-
» NARD, et les derniers livres de

_____

(1) Ayer me dieron la extrema uncion.

» GALATÉE, pour laquelle je sais
» que vous avez de l'amitié : mais il
» faudroit pour cela un miracle du
» Tout-puissant, et je ne lui de-
» mande que d'avoir soin de votre
» excellence.

» Madrid, ce 19 avril 1616.

MICHEL DE CERVANTES.

Il mourut le 23 du même mois,
âgé de soixante-huit ans et six mois.
Le même jour, Shakespear mourut
à Stratford, dans le comté de War-
wick.

L'homme qui s'est conduit chez les
Algériens comme nous l'avons vu,
qui a fait DON QUICHOTTE, et
qui écrit en mourant la lettre que
l'on vient de lire, n'est pas un
homme ordinaire.

DES OUVRAGES
DE CERVANTES.

LES premières poésies de Cervantes ne sont pas très-connues, et ne méritent guère de l'être. Ses sonnets, ses élégies, se ressentent trop du goût de son temps. Son plus bel ouvrage, celui qui a fait sa réputation, c'est le roman de DON QUICHOTTE.

La raison, la gaieté, la fine ironie répandues dans cet ouvrage, l'extrême vérité des portraits, la pureté, le naturel du style ont rendu ce livre immortel. Je sais qu'il ne plaît pas également à tous les lecteurs françois, qui ne le lisent pas en espagnol : c'est la faute de la seule traduction que nous en ayons ; elle

est

est trop loin de l'élégance, de la finesse de l'original. Il semble que le traducteur ait regardé DON QUICHOTTE comme un roman ordinaire, dont le seul mérite étoit d'être plaisant. Il a rendu le mot espagnol par le mot françois qu'il trouvoit dans le dictionnaire, sans comparer, sans choisir : il a oublié que, sur-tout dans le comique, aucun mot n'a de synonyme, qu'un seul est le bon, que tout autre est mauvais.

La manière dont il a traduit les morceaux de poésie, qui sont en grand nombre dans DON QUICHOTTE, feroit penser que les vers espagnols sont ridicules. Cependant ils sont presque tous agréables, peut-être un peu trop recherchés : mais Cervantes écrivoit pour sa nation, dont le goût ne ressemble pas au nôtre ; et son traducteur, qui écri-

B

voit pour nous, pouvoit, en conser-
vant les pensées de Cervantes ,
affoiblir quelques comparaisons ,
adoucir quelques images, et sur-tout
donner de la douceur et de l'har-
monie à ses vers. Il paroît n'avoir
songé qu'à être littéral, et c'est
encore un défaut pour des François.
Presque tous les livres étrangers nous
paroissent trop prolixes : DON QUI-
CHOTTE même a des longueurs et
des traits de mauvais goût qu'il falloit retrancher, sans craindre le reproche de n'être pas exact. Quand
on traduit un ouvrage d'agrément,
la traduction la plus agréable est
à coup sûr la plus fidèle.

Malgré tous ces défauts, l'ouvrage
est si bon par lui-même, les épisodes si intéressans , les aventures si
comiques , que tout le monde le
connoît, tout le monde le relit; nos

tapisseries, nos tableaux, nos estampes, nous offrent par-tout DON QUICHOTTE; et il n'est point d'enfant qui ne rie en reconnoissant Sancho Pança.

Les NOUVELLES DE CERVANTES ne valent pas DON QUICHOTTE, à beaucoup près. Il en a fait douze, et quatre seulement sont dignes de de lui: LE CURIEUX IMPERTINENT, qu'il a inséré dans DON QUICHOTTE, RICONET ET CORTADILLE, tableau grotesque, mais vrai, des frippons de Séville; LA FORCE DU SANG, la plus intéressante, la mieux conduite de toutes; et le DIALOGUE DES DEUX CHIENS. Cette dernière est une critique charmante, pleine de philosophie et de gaieté: les mœurs espagnoles y sont peintes avec tout le naturel et tout l'esprit de Cervantes. On nous a donné, il y a quelques années, une traduction françoise de ces douze NOUVELLES; mais il faut les lire dans l'original.

Le VOYAGE AU PARNASSE est un ouvrage en vers, divisé par chapitres. Cervantes feint qu'Appollon, menacé par des légions de mauvais poëtes, envoie Mercure en Espagne rassembler tous ses favoris pour les conduire à la défense du Parnasse. Mercure vient trouver Cervantes, et lui montre la liste de ceux qu'Apollon appelle, et de ceux qu'il faudra combattre. On sent combien cette fiction peut prêter à un homme d'esprit que des sots ont outragé. Cet ouvrage n'est pas très-agréable, et ne peut être piquant pour nous; je n'en connois point de traduction, non plus que de ses comédies.

Elles sont au nombre de huit, et Cervantes dit dans son prologue qu'il

en a fait vingt ou trente. Cette incertitude paroîtra singulière à ceux
qui savent combien une comédie est
difficile à faire. Quoi qu'il en soit,
celles qui nous restent diminuent nos
regrets sur celles qui sont perdues.
Je les ai toutes lues avec attention;
aucune n'est supportable : point d'intérêt, point de conduite, souvent
de l'esprit, toujours de l'invraisemblance; voilà le fonds de toutes ces
pièces. Dans celle qui s'appelle
L'HEUREUX RUFIEN, le héros,
après avoir été, au premier acte,
le plus grand coquin de Séville, se
fait Jacobin au Mexique dans le second acte : il est l'exemple du cou-
vent; il a de fréquens combats sur
le théâtre avec le diable, et demeure
toujours vainqueur. Appellé pour
exhorter au lit de la mort une dame
du pays, dont la vie a été fort dé-

B 3

réglée, le père Crux, c'est ainsi qu'il s'appelle, presse en vain de se confesser : la malade s'y refuse ; elle se croit trop coupable pour espérer son pardon : alors le père Crux, qui veut la sauver de l'impénitence finale, lui propose de se charger de ses péchés, et de lui donner ses mérites. Le troc se fait, le marché se signe, la mourante se confesse, les anges viennent recevoir son ame ; les diables s'emparent du Jacobin, qui voit tout son corps couvert d'un ulcère épouvantable. Au troisième acte, il meurt, et fait des miracles. Voilà une des comédies de l'auteur de DON QUICHOTTE, et c'est peut-être la meilleure.

Nous avons encore de Cervantes huit petites pièces, que les Espagnols appellent ENTREMESES : ces ouvrages valent mieux que ses comédies. Presque tous ont du comique et du naturel ; quelques-uns sont trop libres ; mais deux sur-tout sont charmans : l'un, appellé LA CAVE DE SALAMANQUE, est précisément notre SOLDAT MAGICIEN ; on a calqué l'opéra-comique françois sur l'ouvrage espagnol : l'autre, nommé le TABLEAU MERVEILLEUX, a fourni à Piron l'idée d'un opéra en vaudevilles, LE FAUX PRODIGE, beaucoup moins joli que la petite pièce de Cervantes.

PERSILES ET SIGISMONDE, dont nous avons deux traductions assez peu fidèles, est un long roman chargé d'épisodes et d'aventures presque toujours incroyables. Il semble que Cervantes ait voulu imiter ces anciens romans grecs, estimés encore, et admirés autrefois. Mais toute son imagination, qui n'a jamais peut-être autant brillé que dans PERSILES, ne peut rendre ses héros intéressans : leurs courses inutiles, leurs dangers invraisemblables, le mélange continuel de dévotion et d'amour, ont empêché ce livre d'atteindre à la réputation de son auteur. Cependant l'élégance du style, la vérité de quelques tableaux, et l'épisode de Ruperte, suffiroient pour le rendre précieux.

Il me reste à parler de GALATÉE, qui fut son premier ouvrage. Dans le temps qu'il l'écrivit, l'Espagne étoit la nation du monde la plus galante : l'amour faisoit l'unique occupation des Espagnols et le sujet de tous leurs livres. Montemayor, célèbre poëte, venoit de donner un roman de DIANE, que l'on a traduit en françois. Cet ouvrage eut un grand succès, et le méritoit à quel-

ques égards : un style pur , beaucoup d'esprit, de la douceur , du
sentiment, une poésie souvent en-
chanteresse, et sur-tout la naiveté
touchante qui règne dans la Nou-
VELLE du MAURE ABINDARRAÈS,
rachètent aux yeux des connoisseurs
le fonds d'invraisemblance , les histoire de magie et le manque d'action
que l'on reproche à la DIANE de
Montemayor.

Cervantes, qui connoissoit tous
ces défauts, comme on peut le voir
dans l'EXAMEN DE LA BIBLIOTHÈ-
QUE DE DON QUICHOTTE , en
évita quelques-uns dans GALATÉE,
mais ne les évita pas tous. Ses aventures sont plus naturelles , ses per-
sonnages plus intéressans ; mais son
style, et sur-tout ses vers, le met-
tent au-dessous de Montemayor.
Gâté par le malheureux goût de

scholastique qui régnoit alors, Cervantes fait disserter ses bergers comme s'ils étoient sur les bancs. Ils prononcent de longs traités pour ou contre l'amour ; ils y citent Minos, Ixion, Marc – Antoine, Rodrigue, tous les héros de la fable et de l'histoire : si Tircis veut consoler son ami de ce qu'il ne peut rien obtenir de sa bergère, il lui parle ainsi (1) : « On dit par-tout que » Galatée est encore plus belle » qu'elle n'est cruelle ; mais on

---

(1) Mas fama tiene Galatea de hermosa que de cruel ; pero sobre todo se dice que es discreta : y si esto es la verdad, como lo deve ser, de su discrecion nace el conocerce, y de conocerce estimarse, y de estimarse no querer perderse, y de no querer perderse viene el no querer contentarte.

Galatea, lib. II, pag. 68.

» ajoute que sur toutes choses elle
» est spirituelle. Or, si c'est la vé-
» rité, comme cela doit être, il
» s'ensuit de son esprit, qu'elle doit
» se connoître elle-même ; de cette
» connoissance, qu'elle doit s'esti-
» mer ; de cette estime, qu'elle ne
» veut pas se perdre ; et de cette
» volonté, qu'elle ne veut pas céder
» à tes desirs ».

Dans un autre endroit, un amant
éloigné de sa maîtresse, dit en vers (1) :
» Quoique je paroisse voir, entendre
» et sentir ; je ne suis qu'un fan-
» tôme formé par l'amour, et sou-
» tenu par la seule espérance. »

Dans tout l'ouvrage, le soleil n'é-
claire le monde qu'avec la lumière

(1) Y aunque muestro que veo, oigo,
    siento,
Fantasma soi por el amor formada,
Que con sola esperanza me sustento.

qu'il reçoit des yeux de Galatée (1).

En voilà bien assez pour donner une idée du mauvais goût qui régnoit alors, et auquel Cervantes lui-même n'a pas échappé. Mais au milieu de toutes ces folies on trouve des idées charmantes, du sentiment vrai, bien exprimé, des situations attachantes, les mouvemens et les combats du cœur. Voilà ce qui m'a fait choisir la GALATÉE de Cervantes, pour en donner une imitation. Jusqu'à présent, personne ne l'a traduite ; et ce roman est absolument inconnu aux François.

Comme il est très-possible que mon travail ne réussisse point, je dois, pour la gloire de Cervantes, con-

***

(1) Ante la luz de unos serenos ojos.
Que al sol dan luz con que da luz al suelo.

venir

venir ici de tous les changemens que j'ai faits à son ouvrage. GALA-TÉE, dans l'original, a six livres, et n'est point achevée : j'ai réduit ces six livres à trois ; et je l'ai finie dans un quatrième. Presque nulle part je n'ai traduit ; les vers sur-tout ne ressemblent à l'espagnol que dans les endroits cités. Je n'ai pris que le fond des aventures, j'y ai même changé des circonstances quand je l'ai cru nécessaire ; j'ai ajouté des scènes entières, comme le troc des houlettes dans le premier livre ; la fête champêtre et l'histoire des tour-terelles dans le second ; les adieux au chien d'Élicio dans le troisième : le quatrième en entier est de mon invention.

On me reprochera sans doute le trop grand nombre d'épisodes, et le peu d'évènemens qui arrivent à

C

Galatée. Dans Cervantes, il y a deux fois plus d'épisodes, et Galatée paroît beaucoup moins. Montemayor a fait la même faute dans sa DIANE, qui n'est proprement qu'un recueil d'histoires différentes. Tel étoit le goût du siècle, tels ont été nos grands romans françois, si long-temps à la mode, et dont les auteurs avoient pris les Espagnols pour modèles. Quand aux batailles, aux duels, qu'on sera peut-être étonné de trouver dans un ouvrage pastoral, c'est un tribut que Cervantes payoit à sa nation. Je ne connois point de roman, point de comédie espagnole sans combats. Ce peuple, un des plus vaillans de l'Europe, et sans contredit le plus passionné, a besoin, pour qu'un livre l'amuse, d'y trouver des récits de guerre et d'amour. D'ailleurs, on doit pardonner à Cervantes, qui avoit eu lui-même des aventures extraordinaires, d'avoir imaginé qu'elles seroient vraisemblables dans un roman.

Je n'ai plus qu'un mot à dire sur le jugement que j'ai osé porter de tous les ouvrages de Cervantes. Malgré l'étude particulière que j'ai fait de sa langue, je ne m'en serois pas rapporté uniquement à moi; mais j'ai été guidé par les lumières d'un espagnol (1) qui aiment les lettres autant que sa patrie, et qui a de commun avec Cervantes, d'être encore plus célèbre par ses talens que par ses malheurs.

_____

(1) M. le comte de Pilos.

GALATÉE.

LIVRE PREMIER.

Avant que le soleil ait éclairé nos plai-
    nes;
    Je fais retentir les échos,
Je fatigue les bois, les prés et les fon-
    taines
    Du triste récit de mes maux:
Mais les échos, les bois, les prés et les
    ruisseaux,
    Ne peuvent soulager mes peines.

Sur les gazons fleuris, à l'ombrage des
    chênes,
    Je ne trouve plus de repos;
Je gémis; le ramier joint ses plaintes aux
    miennes,
    Mes larmes troublent les ruisseaux:
Mais les ruisseaux, les prés, les bois et
    les échos,
    Ne peuvent soulager mes peines (1).

_____

(1) Y assi un pequeno alivio al dolor mio
    No hailo en monte, en llano, en prado,
    en rio.

Telles étoient les plaintes d'Élicio, berger des rives du Tage. La nature l'avoit comblé de ses dons; mais la fortune et l'amour ne l'avoient pas traité comme la nature. Depuis long-temps il aimoit Galatée, sans pouvoir encore se flatter d'en être aimé. Galatée étoit une simple bergère du même village qu'Élicio; mais elle eut été la reine du monde, si le monde s'étoit donné à la plus belle et à la plus sage.

C'est de Galatée et d'Elicio que je vais raconter les aventures; j'y joindrai celles de plusieurs amans que l'Amour voulut éprouver: je décrirai les mœurs du village. Vous, qui n'êtes heureux qu'aux champs; vous, ames sensibles, pour qui l'aspect d'une campagne riante, le bruit d'une source d'eau vive, sont des plaisirs presque aussi touchans que celui de faire une bonne action, puissiez-vous trouver quelque douceur à me lire!

De tous les bergers qui aimèrent Galatée, Élicio fut le plus tendre et le moins hardi. Son respect n'étoit pas la seule raison de sa timidité : Mœris, père de Galatée, étoit le plus riche laboureur du canton; Elicio n'avoit pour tout bien qu'une cabane et quelques chèvres.

Erastre, son rival, étoit moins pauvre, sans être plus heureux. Erastre, jusqu'alors le plus insensible des pâtres, n'avoit pu résister aux charmes de Galatée; mais il ne se flattoit pas de lui plaire : trop simple pour être aimable, il savoit mieux sentir que s'exprimer ; la nature, en le formant, s'étoit contentée de lui donner un bon cœur.

Un jour qu'Elicio, dans un vallon solitaire, songeoit à ce qu'il aimoit, il vit venir Erastre, précédé de son troupeau, dont il laissoit la conduite à ses chiens. Ces bons animaux sembloient deviner que leur maître étoit trop amoureux pour s'occuper de ses brebis ; ils tournoient autour d'elles, pressoient les paresseuses, ramenoient celles qui s'écartoient, et faisoient à-la-fois leur devoir et celui du berger.

Dès qu'Erastre fut près d'Elicio, j'espère, lui dit-il, que vous n'êtes pas fâ-

C 4

ché de ce que j'aime Galatée ; vous savez
qu'il est impossible de ne pas l'aimer.
Oui, je consens que mes agneaux, au
moment que je les sévrerai, ne trouvent
dans les prairies que des herbes veni-
meuses, s'il n'est pas vrai que mille fois
j'ai tenté d'oublier mon amour. J'ai con-
sulté tous les médecins du pays, aucun
n'a pu me guérir, et je viens vous demander la permission de mourir avec
mon mal. Vous ne risquez rien en me
l'accordant : puisque vous, qui êtes le
plus aimable des bergers, vous ne pouvez attendrir Galatée, que craignez-
vous d'un pâtre comme moi ?

Élicio sourit à ce discours : Mon ami,
lui dit-il, je n'ai pas le droit d'être ja-
loux ; tes chagrins sont les miens, ils
doivent nous rendre chers l'un à l'autre.
Dès ce moment ne nous quittons plus ;
nous parlerons de Galatée, et l'amitié
soulagera sans doute les peines que nous
cause l'amour.

Les deux rivaux, devenus amis, alloient accorder leurs musettes quand
Galatée, avec son troupeau, parut sur la

colline. Un simple corset, un jupon d'é-
toffe commune, composoient toute sa
parure; sa taille seule rendoit cet habit
charmant: ses longs cheveux blonds flottoient sur ses épaules; un chapeau de
paille garantissoit son visage de l'ardeur
du soleil. Simple comme la fleur des
champs, elle étoit belle, et ne le savoit
pas.

Elicio s'avance pour lui parler; mais
les chiens de Galatée, qui ne laissoient
approcher personne du troupeau, courent en grondant sur le berger. A peine
l'ont-ils reconnu, que, honteux de leur
méprise, ils baissent le cou; le flattent
de leurs queues, et vont cacher leurs
têtes sous ses mains caressantes. Le bélier
conducteur, qu'Elicio avoit souvent
nourri de son pain, l'apperçoit et vient à
lui, la tête haute, en agitant sa sonnette;
toutes les brebis le suivent. Elicio leur
ouvre sa panetière, il distribue aux chiens
et au troupeau tout ce qu'elle contenoit;
des larmes de joie coulent de ses yeux:
et la bergère, embarrassée de voir ses
moutons reconnoître si bien son amant,

se hâte d'arriver au bélier, le frappe de sa houlette en rougissant, et le force de s'éloigner d'Elicio.

Le berger lui reproche ce mouvement de colère : Pourquoi, dit-il, punir vos brebis, quand c'est moi que vous voulez punir ? Ces pâturages sont les meilleurs du canton ; vous pouvez, en me fuyant, laisser ici vos agneaux, j'oublierai mes chèvres pour en avoir soin. Si cette faveur vous semble trop grande, choisissez l'endroit où vous voulez passer la journée, je m'en éloignerai pour qu'il vous soit plus agréable. Elicio, répondit Galatée, ce n'est pas pour vous fuir que je détourne mes moutons ; je les mène au ruisseau des Palmiers, où je dois trouver ma chère Florise. Je suis reconnoissante de vos offres ; je vous le prouve en dissipant vos soupçons. Elle parloit encore et continuoit son chemin ; Erastre lui cria de loin : Puisses-tu devenir amoureuse de quelqu'un qui te traite comme tu nous traites ! Puisses-tu . . . . . Il en auroit dit davantage si Galatée, en s'éloignant toujours, ne s'étoit mise à chanter. L'amant

le plus en colère aime mieux écouter sa
maitresse, que de lui dire des injures.
Erastre se tut ; Galatée chanta ces paroles :

Les soins de mon troupeau m'occupent
    toute entière,
C'est de mes seuls agneaux que dépend
    mon bonheur ;
Quand j'ai trouvé pour eux un fontaine
    claire,
  S'ils sont contens, rien ne manque à
    mon cœur.

Je dors toute la nuit : quand l'aube va
    paroître,
Sans crainte et sans desir je vois venir le
    jour ;
Ce doux repos m'est cher : je ne veux
    point connoître
  Ce vieux enfant que l'on appelle Amour.

Que les loups et l'Amour soient loin de
    ma retraite.
Trop heureuses brebis, un chien sûr vous
    défend ;

Pour me défendre, hélas ! je n'ai qu'une
　houlette :
　Mais c'est assez pour combattre un
　enfant.

　En achevant sa chanson, Galatée étoit
arrivée au ruisseau des Palmiers. Florise
l'attendoit ; Florise, sa meilleure amie,
la confidente de ses plus secrètes pensées.
Elles s'assirent au bord de l'eau, et s'a-
musoient à cueillir des fleurs, lorsqu'elles
apperçurent une bergère qui leur étoit
inconnue. Cette étrangère, jeune et belle,
paroissoit accablée d'un chagrin profond.
De temps en temps elle s'arrêtoit, sou-
piroit, et regardoit le ciel avec des yeux
mouillés de larmes. Trop occupée de ses
malheurs pour appercevoir Galatée, elle
s'approcha du ruisseau, prit de l'eau dans
sa main, et lava ses yeux fatigués de
pleurer. Hélas ! dit-elle, il n'y a point
d'eau qui puisse éteindre le feu dont je
suis consumée !
　Galatée et Florise coururent vers l'é-
trangère : Si le ciel, lui dirent-elles, est
aussi touché de vos pleurs que nous le

sommes, bientôt vous n'aurez plus sujet d'en répandre. Nous plaignons vos malheurs sans les connoître : souvent on les soulage en les racontant ; mais nous n'osons vous demander un récit qui peut coûter à votre cœur. Ce récit , répondit l'inconnue , me privera peut-être de l'amitié que vous semblez me promettre. Quand vous saurez que l'amour a causé mes maux , puis-je espérer que vous les plaindrez encore ? Les bergères, après l'avoir rassurée , la conduisirent dans un bosquet écarté ; elles s'assirent à l'ombre, et l'étrangère commença son histoire.

Mon village est sur les rives de l'Hénarès , célèbre par la fraîcheur de son onde : mon père est laboureur ; les travaux champêtres occupoient seuls ma vie ; tous les matins , je menois paître mes brebis. Seule au milieu des bois, la solitude ne m'ennuyoit point , j'écoutois les oiseaux , je chantois avec eux, je cueillois la rose vermeille , le lys sans tache , l'œillet bigarré ; un bouquet rendoit heureuse ma journée : je n'ai

mois rien que mes agneaux ; je ne cher-
chois dans la campagne que des fleurs
et de l'ombre.

Combien de fois me suis-je moquée
des larmes et des soupirs de quelques
bergères qui me confioient leurs amours!
Je me souviens qu'un jour la jeune Lidie
vint se jetter à mon cou et me baigna de
ses pleurs. Allarmée de son désespoir,
j'essuye ses yeux en l'embrassant ; je lui
demande avec tendresse quel affreux malheur lui coûte tant de larmes. Ton père
est-il mort ? m'écriai-je ; as-tu perdu
ton troupeau ? Ah ! ma chère Téolinde,
me répondit-elle , rien ne peut me consoler..... Il est parti..... il est parti..... et
ce matin j'ai vu la bergère Léocadie avec
le ruban couleur de rose que j'avois donné l'autre jour à cet ingrat. Je vous
avoue , aimables bergères , que je ne
pus m'empêcher de rire à ce récit en-
trecoupé de sanglots. Lidie en fut of-
fensé ; elle me regarda , baissa la tête,
et s'éloigna de moi. Je voulus la retenir : Téolinde , me dit-elle , puissiez-
vous connoître un jour le mal que je

souffre, et trouver dans vos confiden-
tes la pitié que je trouve en vous! Tel
fut son souhait : peut-être est-ce vous,
bergères, qui l'accomplirez aujourd'hui.

J'étois libre et heureuse ; je ne le fus
pas long-temps. Un jour, c'étoit la veille
de la fête du village, j'étois allée avec
plusieurs bergères chercher des rameaux
et des fleurs pour en orner notre temple : nous trouvâmes sur le chemin une
troupe de bergers assis à l'ombre des
myrtes ; tous étoient nos amis ou nos
parens : ils vinrent au-devant de nous.
Six d'entre eux s'offrirent pour aller
chercher les rameaux dont nous avions
besoin : nous acceptâmes leur offre, et
nous demeurâmes avec le reste de leurs
compagnons.

Parmi ces jeunes gens étoit un étranger que je voyois pour la première fois.
A peine je l'eus regardé, que je sentis
courir dans mes veines un feu qui m'é-
toit inconnu : je me doutai pourtant de
ce que c'étoit. Lidie étoit là ; je pensai
tomber aux genoux de Lidie ; et lui
demander pardon de ne pas avoir plaint

dans elle le mal que je sentois déja.

Il étoit aisé de lire sur mon visage ce qui se passoit dans mon ame ; mais tout le monde étoit occupé de l'étranger. On lui demandoit d'achever une chanson que notre arrivée avoit interrompue : il la reprit, et je tremblai qu'elle ne parlât d'amour. S'il est amoureux, me disois-je, il ne doit songer qu'à l'amour. Heureusement il ne chanta que les plaisirs de la vie pastorale et les moyens de conserver les troupeaux : il ne dit rien de ce qui fait mourir les bergères.

A peine avoit-il achevé, que nous vîmes revenir ceux qui étoient allés nous couper des rameaux. Ils en étoient si chargés, que, marchant sur la même ligne, serrés les uns contre les autres, on auroit cru voir s'approcher une petite colline toute couverte de ses arbres. Quand ils furent près de nous, ils entonnèrent une ronde villageoise à laquelle nous répondîmes. Bientôt ils déposèrent leurs fardeaux, et vinrent offrir à chaque bergère une guirlande de différentes fleurs. Nous acceptâmes leurs dons, et nous nous disposions à retourner au village, lorsque le plus vieux d'entre eux, nommé Eleuco, nous arrêta : il faut, dit-il, que chacune de vous nous récompense de nos peines, en donnant sa guirlande à celui qu'elle aimera le mieux. Cela est trop juste, répondit une de mes compagnes, en posant sa guirlande sur la tête de son cousin : les autres suivirent son exemple, et choisirent toutes un de leurs parens. Je restai la dernière, et par bonheur je n'avois point là de cousin.

Je fis semblant d'être incertaine ; puis m'approchant de l'inconnu : Je vous donne cette guirlande, lui dis-je, au nom de toutes mes compagnes, pour vous remercier du plaisir que nous a fait votre chanson. Je prononçai ce peu de mots tout d'une haleine, sans oser lever les yeux sur celui que je couronnois ; et ma main trembloit si fort, que la guirlande pensa m'échapper.

L'étranger reçut mon bienfait avec reconnoissance et modestie : il saisit l'ins-

tant où personne ne pouvoit l'entendre,
pour me dire à voix basse : Je vous ai
payé bien cher la guirlande que j'ai re-
çue : vous ne m'avez donné que des
fleurs ; et moi...... Il ne put achever.
Mes compagnes me pressoient de partir :
je ne lui répondis pas ; mais je le re
gardai le plus long-temps qu'il me fut
possible. Je ne m'occupai que de lui pendant le chemin ; je ne songeai qu'à lui
quand je fus arrivée.

Le lendemain, jour de la fête, après
avoir adoré l'Eternel, tous les habitans
du village et des environs se rassemblèrent sur la grande place pour s'exer-
cer à différens jeux champêtres. Une
troupe de jeunes gens, fiers de leur âge,
de leur force, de leur agilité, se pré-
sentent pour disputer le prix de la lutte,
du saut, de la course. Chacun d'eux paroît devoir l'emporter. Je ne m'intéressois
que pour un seul : mes vœux furent
exaucés. Artidore, c'étoit le nom de mon
étranger, fut vainqueur dans tous les
jeux, fut applaudi par tout le monde.
Alanio, disoit-on, court mieux que Sil-

vain ; Marsille est plus fort que Lisan-
dre : mais Artidore l'emporte sur tous.
J'écoutois ces paroles, et n'osois pas les
redire ; mais je faisois semblant de ne
pas les avoir entendues, pour me les
faire répéter.

Ce beau jour finit. Le lendemain, nous
nous rassemblâmes une douzaine de jeunes filles, l'élite du village. Précédées
d'une musette ; et nous tenant toutes
par la main, nous allâmes gagner
en dansant une prairie où nous trouvâmes Artidore avec tous nos jeunes
gens. Dès qu'ils nous virent, ils coururent se mêler à notre danse ; chaque
berger sépara deux bergères, et rompit
notre chaîne pour la doubler. Alors les
flûtes, les tambourins se joignirent à
notre musette : la danse devint plus vive,
et mon bonheur voulut que ma main se
trouvât dans celle d'Artidore. Le saisis-
sement que cette main me causa pensa
me faire rompre la chaîne. Artidore s'en
apperçut, et m'enleva fortement en me
pressant contre son sein : le remède étoit
pire que le mal.

La danse finie, nous nous assîmes sur l'herbe. Tout le monde desiroit d'entendre chanter Artidore : il y consentit. Je n'ai jamais oublié sa chanson ; et je vais vous la répéter, malgré les pleurs que je donnerai peut-être à un si doux souvenir.

Jamais nous ne verrions briller un jour
    serein,
Toujours par la douleur l'ame seroit flétrie,
    trie,
Si l'amour ne venoit consoler notre vie,
Et semer quelques fleurs sur ce triste
    chemin.
    Amour, l'on doit bénir tes chaînes :
    Si deux amans ont à souffrir,
    Ils n'ont que la moitié des peines ;
    Et tu sais doubler leur plaisir.

Il n'est point de malheur pour un amant
    aimé ;
D'un seul mot, d'un souris, dépend sa
    destinée :
Le sort voudroit en vain la rendre infortunée ;
    tunée ;
On lui dit, je vous aime, et son cœur est
    calmé.

Amour, l'on doit bénir tes chaînes :
Si deux amans ont à souffrir,
Ils n'ont que la moitié des peines ;
Et tu sais doubler leur plaisir.

L'autre jour deux amans, à l'ombre d'un
    tilleul,
Sur leur hymen futur se contoient leurs
    alarmes ;
J'entendis qu'ils disoient, en essuyant
    leurs larmes,
Souffrir deux est plus doux que d'être
    heureux tout seul.
    Amour, l'on doit bénir tes chaînes :
    Si deux amans ont à souffrir,
    Ils n'ont que la moitié des peines ;
    Et tu sais doubler leur plaisir.

Il étoit temps de retourner au village :
chaque berger offrit le bras à sa bergère.
Soit hazard, soit adresse, Artidore me
donna la main. Nous marchions en silence, sans oser nous regarder ; mais
chacun de nous deux observoit l'instant
où l'autre ne pouvoit le voir, pour lui
jetter un coup-d'œil ; et dès que nos

yeux se rencontroient, ils se baissoient
vers la terre. Enfin je lui dis : Artidore,
le peu de jours que vous nous donnez
vous sembleront des années, si vous avez
laissé dans votre village quelqu'un qui
vous soit cher. Je donnerois tout ce que
je possède, me répondit-il, pour que ces
heureux jours durassent autant que ma
vie---Vous aimez donc bien les fêtes ?---
Ah ! ce ne sont pas les fêtes..... Il fit un
soupir ; je soupirai aussi : il me serra la
main ; je ne crois pas le lui avoir rendu.

Nous en étions là, lorsque le vieux
Eleuco, dont on respectoit tous les avis,
proposa de chanter une ronde, pour entrer dans le village aussi gaiement que
nous en étions sortis. Je m'en chargeai
volontiers ; et saisissant cette occasion de
donner quelques avis à Artidore, voici
la ronde que je chantai en le regardant :

Voulez-vous être heureux amant ?
Soyez guidé par le mystère ;
Celui qui sait le mieux se taire
En amour est le plus savant.
Pour être aimé soyez discret ;

La clef des cœurs, c'est le secret (1).

En vain de l'amour on médit,
Le secret épure sa flamme ;
L'amour est la vertu de l'ame
Quand le mystère le conduit.
Pour être aimé soyez discret ;
La clef dés cœurs, c'est le secret.

Souvent un seul mot peut ravir
Le prix d'une longue constance (2) ;
Cachez jusqu'à votre souffrance
pour savoir cacher le plaisir.
Pour être aimé soyez discret ;
La clef des cœurs , c'est le secret.

(1) En los estados de amor
Nadie llega a ser perfete
Sino el honesto y secreto.
Para llegar al suave
Gusto de amor, si se acierta,
Es el secreto la puerta,
Y la honestidad la llave.

(2) Es ya caso averiguado ,
Que no se puede negar,
Que a vezes pierde el hablar
Lo que el callar ha ganado.

Ne confiez qu'à votre cœur
Vos succès et votre victoire ;
Tout ce que l'on perd de la gloire
Retourne au profit du bonheur.
Pour être aimé soyez discret ;
La clef des cœurs, c'est le secret.

J'ignore si ma chanson plut à Artidore,
mais il en profita. Pendant tout le séjour
qu'il fit avec nous, il mit tant de cir-
conspection, tant de prudence dans les
soins qu'il me rendit, que la langue la
plus maligne ne trouva pas un seul
mot à dire.

J'étois certaine d'être aimée, et je
n'avois pu cacher à mon amant que mon
cœur étoit à lui. Nous étions convenus
qu'il retourneroit à son village, comme
il l'avoit annoncé ; et que peu de jours
après il enverroit un ami de sa famille
me demander à mon père. Nous étions
sûrs tous deux que nos parens consenti-
roient à ce mariage : tout sembloit d'ac-
cord avec nos projets, quand, deux
jours avant le départ d'Artidore, mon
malheur fit revenir ma sœur jumelle d'un
village

village voisin où elle étoit allée voir une de mes tantes.

Cette sœur, par une fatalité bien rare, est mon portrait vivant. Son visage, sa taille, sa voix, tout est si semblable entre nous deux, que nos parens nous donnoient des habits différens pour nous reconnoître. Mais nos caractères sont bien loin de cette ressemblance; et si nos cœurs avoient été jumeaux, je ne verserois pas tant de larmes.

Dès le lendemain de son retour, ma sœur fit sortir le troupeau, et le con‑ duisit au pâturage avant que je fusse éveillée. Je voulus aller la rejoindre; mais mon père me retint toute la jour‑ née; il fallut renoncer à l'espérance de voir Artidore. Le soir ma sœur revint, et me dit avec mystère qu'elle avoit à me parler de quelque chose d'important. Le cœur me battit; je devinai mon mal‑ heur. J'allai m'enfermer avec elle : ju‑ gez de ce que je devins en entendant ces paroles :

Ce matin, ma sœur, je conduisois le troupeau sur les rives de l'Hénarès,

D

lorsque j'ai vu venir à moi un jeune berger qui m'est inconnu : il m'a salué, et
m'a pris la main avec une familiarité qui
m'a surprise et offensée. Mon silence, et
l'altération qu'il a dû remarquer sur mon
visage, n'ont pas été capables d'arrêter
ses transports. Eh ! ma belle Téolinde,
m'a-t-il dit, ne reconnoissez - vous pas
celui qui vous aime plus que lui-même ?
J'ai bien vu, ma sœur, que j'étois prise
pour vous ; mais comme votre réputation m'est chère, et qu'un berger aussi
hardi pourroit lui faire grand tort, j'ai
voulu vous débarrasser pour jamais de
cet importun. Je me suis gardée de lui
dire qu'il se trompoit ; et prenant le ton
que Téolinde auroit dû toujours avoir,
j'ai répondu à ses discours avec une
fierté, avec un dédain qui l'ont fort
étonné ; ce qui ne vous justifie pas trop,
ma sœur. Mais, heureusement pour
vous, mes paroles lui ont fait impression ; il m'a quittée en me nommant perfide, ingrate ; et je crois pouvoir vous
répondre que vous ne le reverrez plus.

Vous comprenez, aimables bergères,

combien je souffrois pendant ce récit.
J'aurois donné la moitié de ma vie pour
être au lendemain, pour aller à l'instant même détromper mon malheureux
amant. Ah! que la nuit me parut longue!
les étoiles brilloient encore, que j'étois
déja dans les champs. Jamais mes pauvres
brebis n'avoient marché si vîte. J'arrive
à l'endroit où j'avois coutume de trouver Artidore ; je le cherche, je l'appelle, je parcours le rivage, le bois, la
campagne ; je ne trouve point Artidore.
Reviens, m'écriai-je ; reviens, mon bien
aimé : voici la véritable Téolinde, celle
qui ne vit que pour t'aimer. L'écho ré-
pète mes paroles ; et Artidore ne vient
point. Enfin, lassée de tant de recherches, je vais m'asseoir au pied d'un
saule, et j'attends que le jour soit plus
grand, pour parcourir de nouveau les
lieux que j'avois parcourus.

A peine l'aube du matin laissoit distinguer les objets, que j'apperçois des
caractères tracés sur l'écorce d'un peuplier blanc. Je regarde, je reconnois la
main d'Artidore, et je ne sais comment

je pus lire sans mourir les vers que voici :

O vous dont l'inconstance égale la beauté,
Vous qui comptez pour rien vos sermens
      et ma vie ;
  Vous ordonnez qu'elle me soit ravie :
  Elle est à vous, comme ma liberté.
J'obéirai, cruelle, à votre ordre terrible ;
Vous ne me verrez plus : mais, à mon
      dernier jour,
  Je veux parler de mon amour ;
Oui, je veux répéter à votre ame insen-
    sible
Le serment que je fis, hélas ! pour mon
    malheur :
  En l'écrivant sur l'écorce fléxible,
Il restera gravé mieux que dans votre
    cœur.
Adieu ; jusqu'au tombeau le mien vous
    a chérie :
Pour ne plus vous le dire, il a fallu
    mourir ;
  Si mon trépas vous arrache un soupir
  Ma mort sera plus douce que ma vie (1)

---

(1) Las letras que fijaré

Je lus deux fois , sans pleurer , ces tristes adieux : je voulus les relire encore , mais les larmes m'en empêchèrent ; et si ces larmes n'étoient venues , je serois morte sur-le-champ. La douleur m'ôta dès ce moment le peu de raison que l'amour m'avoit laissée. Je résolus de tout abandonner pour courir après Artidore. Je voulois partir à l'instant ; même je ne pouvois quitter ce peuplier où mon arrêt étoit tracé. J'essaie inutilement d'enlever cette écorce ; je la baise mille fois, je la baigne de mes pleurs , et je prends la fuite à travers la campagne, en répétant les derniers mots que j'avois lus.

J'arrive sur ces bords ; ils ne sont pas éloignés de la patrie de mon amant. Jusqu'à présent personne n'a pu me donner de ses nouvelles. Je veux le chercher en-

En esta aspera corteza ,
Creceran con mas firmeza
Que no ha crecido tu fé :
Y en caso tan desdichado ,
Tendre por dulce partido ,
Si fui vivo abor ecido ,
Ser muerto , y por ti llorado.

D 3

core quelques jours ; mais si ma recher-
che est … … mon Artidore n'est plus,
mon … est pris, je le sui rai : oui,
s'éc… -elle, en fondant en larmes, je
les … c'est ma derni re espérance.

Tel fut … … que Tédia … … atée et
Florise s'efforc… ent de la consoler. Reste ici, lui dit Galatée, nous vous aide-
rons à retrouver Artidore : et, jusqu'à ce
moment, nous le pleurerons avec vous.
Tédinde, touchée de ces offres, embrassa
Galatée, et lui promit de ne pas la quitter
de quelques jours.

Le soleil s'étoit couché, et les trois bergères rassemblèrent le troupeau pour le
ramener au village. Elles n'étoient pas
encore à la moitié du chemin, quand
Galatée s'apperçut qu'elle avoit oublié
sa houlette : elle pria Florise et l'étrangère de veiller à ses brebis, et retourna
seule pour la chercher. Elle découvrit
bientôt à travers les arbres un vieux berger, nommé Lénio, assis à la place
qu'elle avoit occupée ; il tenoit dans ses
mains la houlette qu'elle venoit reprendre.

Dans le même instant, Elicio qui re-
tournoit à sa cabane avec son petit troupeau de chèvres, vint à passer ; et reconnoissant la houlette de Galatée, il
s'arrête en regardant Lénio d'un air
étonné. Galatée, attentive au mouvement d'Elicio, se cache derrière un buis-
son pour écouter ce qu'il va dire.

De qui tiens-tu cette houlette? demande
Elicio d'une voix animée. Je viens de la
trouver ici, lui répond le vieux berger,
et je la destine à Bélise, qui ne refusera
pas un si beau présent.——Je souhaite que
tu puisse attendrir Bélise par le don de
cette houlette ; mais la mienne est encore plus belle : regarde comme l'écorce
adroitement enlevée semble former tout
autour une branche de lierre. Que veux-
tu que je te donne pour la changer contre celle que tu tiens ? —— Je veux la plus
belle de tes chèvres.——Ah ! j'y consens :
je n'en ai que six, les voilà ; tu peux
choisir. Le vieux Lénio n'eut pas de peine
à se décider : des six chèvres d'Elicio,
une seule étoit près de mettre bas ; ce
fut celle-là qu'il choisit. Elicio trans-

porté lui donna la chèvre, changea de
houlette, et l'embrassa de tout son cœur.
Les deux bergers, également satisfaits,
se séparèrent; et Galatée, toute pen-
sive, rejoignit Florise et Téolinde, qui
lui demandèrent des nouvelles de sa houlette. Quelqu'un l'a prise, répondit la
bergère; mais je n'y ai pas de regret.

Cependant les ombres de la nuit com-
mençoient à noircir les montagnes; les
oiseaux, rassemblés sous le feuillage,
se disputoient avec un murmure confus
la branche où ils passeroient la nuit : on
entendoit de tous côtés les chalumeaux
des bergers, et les sonnettes des brebis
qui s'approchoient du village. Les bergères, en y rentrant, trouvèrent de
grands apprêts de fêtes : on leur en dit
le sujet. Daranio, un des plus riches la-
boureurs, devoit épouser le lendemain
Silvérie, dont les yeux bleus faisoient
toute la dot. Le prodigue amant vouloit
célébrer son bonheur par la noce la plus
brillante. Il y avoit invité tous les bergers des villages voisins; et le fameux
Tircis, qui n'avoit point d'égal dans

l'art de chanter ou de jouer de la flûte,
venoit d'arriver avec son ami Damon.
Téolinde espéra qu'Artidore pourroit se
trouver à ces noces ; elle résolut d'y
suivre Galatée. Tous les bergers se pré-
parèrent aux jeux et aux combats qui
devoient remplir cette belle journée.

LIVRE SECOND.

Quand pourrai-je vivre au village? quand serai-je le possesseur d'une petite maison entourée de cerisiers? Tout auprès seroient un jardin, un verger, une prairie, et des ruches: un ruisseau bordé de noisetiers environneroit mon empire; et mes desirs ne passeroient jamais ce ruisseau. Là, je coulerois des jours heureux; le travail, la promenade, la lecture occuperoient tous mes momens. J'aurois de quoi vivre; j'aurois encore de quoi donner: car sans cela point de richesse; c'est n'avoir rien que de n'avoir que pour soi. Si je pouvois jouir de tous ces biens avec une épouse sage et douce, et voir nos enfans, jouant sur le gazon, se disputer à qui courra le mieux pour venir embrasser leur mère, je croirois devoir exciter l'envie de tous les rois de l'univers.

Tel étoit le sort des bergers dont j'écris

l'histoire : un doux mariage couronnoit presque toujours une longue passion. Daranio, amant aimé de Silvérie, alloit devenir son époux. Au lever de l'aurore, tous les habitans du village et des alentours étoient déja sur la grande place, l'un avoit fait des guirlandes pour en orner la porte de la maison des mariés; l'autre, avec son tambourin et sa flûte, leur donnoit une joyeuse aubade : ici, l'on entendoit la champêtre musette; là, le violon harmonieux; plus loin, l'antique psaltérion : celui-ci mettoit des rubans à ses castagnettes, celui-là des bouquets à son chapeau; chacun vouloit plaire à sa maîtresse : tous étoient animés par l'amour et par la joie.

Les nouveaux mariés ne se firent pas attendre : on les vit arriver parés de leurs plus beaux habits. Galatée et les jeunes filles conduisoient Silvérie; Elicio et les bergers entouroient Daranio. Cette aimable troupe prit le chemin du temple, au bruit de tous les instrumens.

Après s'être juré une éternité de fidélité, les deux époux retournèrent à la

grande place ; et toutes les jeunes filles
coururent chercher les présens qu'elles
destinoient à la mariée. L'une revient
offrir à Silvérie un pannier de fruits ; l'autre porte dans son chapeau les œufs frais
que ses poulets ont pondus : celle-ci donne
la poule même ; celle-là un jeune cocq :
toutes , sans regret et sans vanité , font
une offrande proportionnée à leurs richesses.

Galatée approche à son tour ; elle ap-
portoit deux tourterelles qu'un valet de
son père venoit de prendre au filet. La
bergère craignoit de leur faire mal ; et
ses deux mains pouvoient à peine suffire
pour tenir les deux oiseaux : leurs ailes
blanches , leurs becs couleur de rose,
s'échappoient sans cesse entre ses doigts.
Elle se presse d'arriver à Silvérie ; et la
saluant d'un air gracieux : ma bonne
amie , lui dit-elle , voici des oiseaux qui
veulent vivre avec vous ; je vous prie de
les recevoir : tous les époux fidèles leur
doivent un azyle. En disant ces mots,
elle présente les colombes. Silvérie avance
ses mains pour les prendre ; Galatée ouvre
le

les siennes : les deux oiseaux profitent
du moment, ils s'échappent en rasant de
l'aile le visage des deux bergères, et s'é-
lèvent dans les airs. Silvérie étonnée,
Galatée presque triste, les suivent des
yeux, et les perdent bientôt de vue : alors
elles se regardent sans rien dire ; et tout
le monde rit, excepté Galatée.

Elicio s'approcha d'elle, et lui dit à
voix basse : Ces oiseaux vous ont punie
de ce que vous ne les gardiez pas : mais
ils auront besoin de vous revoir, et j'ose
vous répondre qu'ils reviendront vous
trouver. Je n'y compte pas, dit Galatée,
et je m'en console s'ils sont plus heureux.
Aussitôt elle envoya chercher dans sa
bergerie un bel agneau qui remplaça les
tourterelles.

Pendant que l'on offroit les présens,
plusieurs tables s'étoient dressées sous
une épaisse feuillée : elles sont bientôt
couvertes de mets. Daranio, qui donnoit
la fête, fait asseoir les mères, les vieillards et les jeunes filles ; les jeunes garçons restent debout pour les servir. Plus
loin, sur une espèce de théâtre soutenu

E

par des tonneaux, des musiciens vont
se placer. La symphonie commence ; on
l'interrompt souvent par des cris de joie :
le plaisir, la gaieté, brillent sur tous les
visages ; on parle, on écoute, on rit
tout-à-la-fois : tout le monde est content,
tout le monde est heureux : on croiroit
que chaque berger vient d'épouser sa
maîtresse.

Pour que rien ne manque à la fête,
quand le repas est achevé, Daranio propose un combat pastoral : Silvérie détache sa guirlande, et déclare qu'elle sera
le prix de celui qui chantera le mieux sa
bergère. Alors les instrumens se taisent,
toutes les jeunes filles regardent leurs
amans, tous les bergers se préparent à
chanter. Erastre même veut entrer en
lice ; mais le fameux Tircis se lève, et
Erastre va se rasseoir. Personne n'ose
combattre avec Tircis. Le seul Elicio se
présente : Berger, lui dit-il, je ne prétends pas vous disputer la guirlande ;
mais je veux célébrer celle que j'aime.
Un profond silence règne dans l'assem-
blée ; les deux rivaux chantent alternati-
vement ces paroles :

TIRCIS.

La charmante Philis est celle que j'adore ;
L'amour et ma Philis soutiendront mes
    accens.
Vous qui la connoissez, n'écoutez pas
    mes chants ;
J'ai prononcé son nom, que puis-je dire
    encore ?

ÉLICIO.

Je veux cacher le nom de l'objet qui fit
    naître
Ce feu dont je me sens embrasé pour ja-
    mais :
Hélas ! je me trahis si je peins ses attraits :
Comme elle est la plus belle, on va la
    reconnoître.

TIRCIS.

La pomme colorée est la fidèle image
Du teint vif et brillant de ma chère Philis ;
Ses regards languissans, l'arc de ses noirs
    sourcils,
Retiennent tous les cœurs dans un doux
    esclavage.   E 2

ÉLICIO.

La rose au teint vermeil, la neige éblouis-
   sante,
Ressemblent aux appas dont je suis en-
   chanté :
Cette neige résiste aux ardeurs de l'été ;
L'hiver ne flétrit point cette rose brillante (1).

TIRCIS.

Philis depuis deux ans cause seule mes
   peines ;
Je l'aimai dès le jour où je vis ses yeux
   bleus :
L'amour m'attendoit-là, caché dans ses
   cheveux (2),
Et de ses tresses d'or il fit pour moi des
   chaînes.

ÉLICIO.

L'amour depuis long-temps me tient sous
   sa puissance.

---

(1) La blanca nieve, y colorada rosa,
   Quel el verano no gasta, ni el invier-
   no, etc.
(2) En las rubias madejas se escondia.

Quand j'apperçus l'objet dont je suis
    amoureux ,
Je vis l'enfant ailé sourire dans ses yeux;
Dans mon cœur aussitôt je sentis sa pré-
    sence.

TIRCIS.

Comme un miroir brisé mille fois nous
    présente
L'objet qu'il multiplie à nos regards sur-
    pris :
De même un seul coup-d'œil de ma belle
    Philis
Grave dans tous les cœurs son image
    charmante (1).

ÉLICIO.

Comme un agneau bêlant qui demande
    sa mère
Saute et bondit de joie en la voyant venir:
De même vous verriez nos bergers tres-
    saillir

---

(1) No se ven tantos rostros figurados
    En roto espejo o hecho por tal arte ,
    Que si uno en el se mira , retratados
    Se ve una multitud en cada parte.

E 3

Quand à leurs yeux charmés vient s'offrir ma bergère.

TIRCIS.

Je garde à ma Philis, pour le jour de sa
    fête,
Deux chevreaux tachetés qu'avec soin je
    nourris :
J'en serai trop payé, si je reçois pour
    prix
Les bluets dont Philis a couronné sa tête.

ÉLICIO.

Je ne peux rien offrir à la beauté que
    j'aime :
Hélas ! je n'eus jamais que mon cœur et
    mon chien,
Mon cœur depuis long-temps est devenu
    son bien ;
Mon chien la suit déja comme un autre
    moi-même.

Les deux bergers cessèrent de chanter.
Silvérie incertaine auroit voulu donner
deux prix. Vos talens sont égaux, leur
dit-elle; je n'ose et je ne puis choisir.

Que chacun de vous reçoive une branche de laurier ; et souffrez que la guirlande appartienne à ma meilleure amie. En disant ces mots, elle offrit à Tircis et à Elicio deux couronnes égales ; et se retournant vers Galatée, elle posa la guirlande sur sa tête.

La musique donna bientôt le signal de la danse. Elicio vint prier Galatée de danser avec lui. La bergère rougit, et accepta. Auriez-vous desiré, lui dit Elicio d'une voix tremblante, que Tircis eût remporté le prix ? Non, répondit Galatée ; j'aurois été fâchée, pour l'honneur de notre village, de vous voir vaincu par un étranger. Après ce peu de mots, ils n'osèrent plus se parler.

La nuit vint, et tout le monde alla souper chez Daranio, excepté Galatée, qui ramena chez elle Florise et la triste Téolinde. Dès que ces trois bergères furent parties, Elicio prit le chemin de sa cabane avec Erastre, Tircis et Damon : ces deux derniers étoient depuis long-temps les bons amis d'Elicio, et connoissoient son amour et ses peines.

E 4

Ils n'avoient pas fait encore beaucoup de chemin, lorsqu'en passant au pied d'un antique hermitage situé sur une petite colline, ils entendirent le son d'une harpe. Arrêtons-nous, leur dit Erastre, pour écouter la voix d'un jeune homme qui depuis quinze jours est venu se faire hermite ici. Je lui ai parlé plusieurs fois. D'après ses discours, je crois que c'est un grand seigneur que ses malheurs ont forcé de quitter le monde : et si Galatée continue à me traiter aussi mal, j'ai le projet de me faire hermite avec lui.

Ces paroles d'Erastre inspirèrent aux bergers le desir de connoître l'hermite. Ils montèrent la colline sans bruit, et découvrirent bientôt un jeune homme de vingt-deux ans à-peu-près, assis sur un morceau de roc : il étoit vêtu d'une bure grossière ; une corde lui servoit de ceinture ; ses jambes et ses pieds étoient nus ; il tenoit dans ses mains une harpe dont il tiroit des sons plaintifs ; ses yeux humides étoient tournés vers le ciel, et deux longues larmes sillonnoient ses joues. Le silence de la nuit, la clarté pâle de la

lune, la sainte horreur de l'hermitage,
tout sembloit préparer l'ame aux accens
triste de l'hermite. Après avoir préludé
quelque temps, il chanta ces paroles :

En vain j'adresse au ciel une plainte im-
    portune,
Le ciel n'écoute plus mes accens doulou-
    reux :
Le redoutale amour, la volage fortune,
Tout, jusqu'à l'amité, seul bien des
    malheureux,
Semblent se réunir pour combler ma mi-
    sère.
Je remplis mon destin, je suis né pour
    souffrir :
  Mon cœur n'a plus rien sur la terre;
Je ne peux plus aimer, et je ne peux
    mourir.

Pure et sainte amité, doux charme de la
    vie,
Je t'immolai l'amour; mais qu'il m'en a
    coûté !
Rends du moins le repos à mon ame
    flétrie :

On dit que tu suffis pour la félicité.

Loin de me soulager, tu combles ma
    misère.

Je remplis mon destin ; je suis né pour
    souffrir :

Mon cœur n'a plus rien sur la terre ;

Je ne peux plus aimer, et je ne peux
    mourir.

L'hermite se tut : sa tête se pencha sur son épaule, ses mains quittèrent les cordes de la harpe, et tombèrent sans mouvement à ses côtés. Les bergers coururent à son secours ; Eraste le prit dans ses bras, et le fit revenir à lui. L'hermite le regarda long-temps, comme quelqu'un qui se réveille au milieu d'un songe effrayant : Berger, lui dit-il, les soins que vous me donnez ne font que prolonger mes maux, et une vaine reconnoissance est tout ce que je puis vous offrir. Vous pouvez nous raconter vos malheurs, lui dit Tircis ; la tendre amitié que déja vous nous avez inspirée est digne de cette confiance. Ah ! l'amitié..... reprit l'hermite, quel nom avez-vous

prononcé ! Mais je ferai ce que vous dé-
sirez. Je vous ai plus d'une obligation ;
c'est dans votre village que je vais demander le peu d'alimens nécessaires à
ma triste existence ; on m'en donne toujours plus qu'il ne m'en faut. Puisque je
vous dois ma vie , il est juste que vous
en connoissiez les peines. A ces mots ,
les bergers se pressèrent autour de lui ,
et le jeune hermite commença son récit.

Dans l'ancienne et fameuse ville de
Xérès (1) , dont Minerve et Mars ont
toujours protégé les habitans , vivoit un
jeune cavalier nommé Timbrio. Sa haute
valeur étoit la moindre de ses qualités.
Entraîné par une sympathie invincible ,
je mis tout en œuvre pour obtenir son
amitié : je réussis. Toute la ville oublia
bientôt les noms de Timbrio et de Fabian ; c'est le mien ; et l'on nous appella
simplement les deux amis.

_____

(1) En la antiqua i famosa ciudad de
Xérès : cuyos moradores de Minerva i
Marte son favorecidos : etc.

Nous méritions un si doux surnom : toujours ensemble , nos belles années passoient comme des instans ; nos seules occupations étoient les exercices de Mars ; nos délassemens , la chasse ; nos passions , l'amitié. Ce bonheur dura jusqu'au jour , le plus fatal de ma vie , où Timbrio eût une querelle avec un cavalier nommé Pransile. La famille de mon ami l'obligea de s'éloigner : mais il écrivit à Pransile qu'il alloit à Naples , où il le trouveroit toujours prêt à terminer leur différend comme il convient à des gentilshommes.

J'étois malade , et hors d'état de suivre mon ami. Notre adieu fut mêlé de beaucoup de larmes : je lui promis de le rejoindre aussitôt que ma santé me le permettroit. Mais je sentis bientôt que son absence me fatiguoit plus que ma maladie ; et sachant qu'il y avoit à Cadix quatre galères qui appareilloient pour l'Italie, je résolus de m'embarquer. L'amitié me donna les forces que la convalescence me refusoit : je me rendis à bord ; le vent seconda mes projets, et me fit arriver à Naples en peu de jours.

Il étoit nuit quand je descendis sur le port. En traversant une rue, j'entendis un cliquetis d'épées, et j'apperçus un homme qui, le dos appuyé contre une muraille, se défendoit seul contre quatre assassins. Je vole à son secours ; j'étois suivi de plusieurs valets qui me secondent. Cette attaque imprévue fait prendre la fuite aux quatre lâches ; je cours à l'inconnu, je lui parle, je l'envisage ; c'étoit Timbrio.

Je le serrai dans mes bras en versant des larmes de joie ; mais je payai bien cher le plaisir d'une si douce réunion ; mon ami étoit blessé ; et l'émotion que lui causa ma vue achevant d'épuiser ses forces, il tomba dans mes bras, évanoui et tout sanglant. J'envoie chercher du secours, Timbrio revient à lui : un chirurgien visite sa blessure ; et me répond qu'elle n'est pas mortelle. Cette assurance me console : nous faisons un brancard de nos bras, et nous portons chez lui mon malheureux ami.

Ce fut là que j'appris la cause de cet

assassinat. Timbrio, en arrivant à Naples, avoit remis des lettres d'Espagne à un des premiers citoyens de la ville, dont la famille étoit espagnole. Reçu dans sa maison comme un compatriote aimable, mon ami n'avoit pu résister aux charmes de sa fille aînée Nisida, la plus belle et la plus sage des Napolitaines. Son respect et sa timidité ne lui permirent jamais d'avouer son amour. Mais un prince italien, amoureux de Nisida, devina qu'il avoit un rival; et craignant la valeur autant que le mérite de Timbrio, il avoit eu la lâcheté de le faire assassiner.

Cette aventure se répandit dans la ville, et vint aux oreilles du père de Nisida. Il fut indigné que le nom de sa fille s'y trouvât mêlé, et défendit au prince italien et à mon ami de revenir jamais dans sa maison.

Cette défense fit plus de mal à Timbrio que sa blessure. Dévoré d'une passion que les obstacles ne faisoient qu'accroître, au désespoir de ne s'être pas déclaré quand il le pouvoit, il vouloit

revoir Nisida à quelque prix que ce fût.
Tous les moyens lui sembloient aisés,
et lui paroissoient ensuite impossibles;
il écrivoit cent lettres qu'il déchiroit :
mille projets impraticables se succédoient
dans son esprit. Tant d'inquiétudes,
tant de chagrins enflammèrent sa blessure : mon ami fut bientôt en danger.
Je résolus, pour le sauver, de m'intro-
duire chez sa maîtresse.

Je m'habillai comme un captif nouvel-
lement racheté ; je pris une guittarre,
et me promenant tous les soirs dans la
rue de Nisida, en chantant de vieilles
romances, je passai pour un Espagnol
échappé des mains des infidèles. Bientôt
on ne parle dans le quartier que du captif
musicien. Le père de Nisida voulut entendre mes romances : je fus admis dans
sa maison. C'est là que je vis cette Nisida;
c'est là que je perdis le repos et le bonheur de ma vie. J'osai regarder ce visage
céleste, cette taille charmante, ces yeux
si tendres dont l'éclat étoit tempéré par
une légère empreinte de mélancolie ; je
sentis sur-le-champ le poison couler dans

mes veines. Il falloit fuir : je n'en eus pas la force ; et ce seul moment me rendit aussi malade que Timbrio.

On me pria de chanter : je pouvois à peine parler. J'obéis cependant, et je choisis une romance orientale qu'un esclave persan m'avoit apprise.

Ici tous les bergers supplièrent l'hermite de leur dire cette romance. Il reprit sa harpe, et chanta d'une voix douce ces paroles :

Le beau Nelzir aimoit Sémire ;
Sémire aimoit le beau Nelzir ;
Se voir, s'aimer et le dire
Étoit leur vie et leur plaisir.
Le bonheur tient à peu de chose ;
Un rien le fait évanouir ;
hélas ! d'une feuille de rose
Dépendoit le sort de Nelzir.

Tant que sur sa tige fleurie
La feuille fatale tiendra,
Nelzir doit conserver la vie ;
Si la feuille tombe, il mourra.
Sémire, toujours attentive,

Ses beaux yeux fixés sur la fleur :
D'une main timide cultive
Le rosier qui fait son bonheur.

Un jour sur sa bouche mi-close
Nelzir imprime un doux baiser ;
Sémire veut le rendre et n'ose ;
Envain l'amour lui dit d'oser.
C'est à la fleur à peine éclose
qu'elle rend ce baiser charmant ;
Mais sa bouche effeuille la rose ,
Sémire a tué son amant.

Nelzir tombe aux pieds de Sémire
Sans sentiment et sans couleur ;
Il presse sa main , il expire ;
L'amour quitte à regret son cœur.
Sémire , interdite et tremblante ,
Sur ses lèvres cherche la mort ;
Et presant sa bouche expirante ,
Par un baiser finit son sort.

Nisida avoit une sœur cadette nommée
Blanche , presque aussi belle que son
aînée. La jeune Blanche parut écouter
ma romance avec plus de plaisir que per-

sonne ; elle loua beaucoup ma voix. Je la
remerciai en regardant sa sœur. Leur père me pria de revenir. J'hésitai long-tems
avant de profiter de cette permission ; j'é-
tois sûr d'enfoncer davantage le trait qui
déchiroit mon cœur ; mais pressé par mon
ami, entraîné par mon amour, je retour-
nai chez Nisida, je la revis, et tout espoir
de guérison me fut ôté.

Jugez des combats qui se passoient dans
mon ame ; j'aimois Timbrio plus que
ma vie ; j'aimois Nisida peut-être plus
que Timbrio ; je la voyois tous les jours;
je ne pouvois pas la fuir pour l'intérêt
même de mon ami ; cet ami, foible et
convalescent, ne se soutenoit que par l'espérance que lui donnoient mes soins. Le
temps, loin de me soulager, ne pouvoit
qu'ajouter à mes maux ; chaque instant
redoubloit ma passion, mes remords et
mes tourmens. Ma santé n'y résista pas;
mon visage perdit bientôt les couleurs
de la jeunesse ; mes yeux, éteint et en-
foncés, pouvoient se tourner à peine vers
celle qui me faisoient mourir. Le père
de Nisida me témoigna son inquiétude;

elle-même, et sur-tout sa sœur Blanche,
me prièrent un jour avec le plus tendre
intérêt, de ne leur rien cacher de mes
chagrins. Je raffermis mon cœur, je me
rappelai tout ce que je devois à mon ami;
et, résolu d'expirer plutôt que de le tra-
hir, j'eus la force de leur dire cesparoles:

Vous plaindrez davantage mes maux
quand vous saurez que l'amitié les cause.
Un jeune cavalier, mon compatriote et
mon intime ami, est amoureux de l'objet
le plus beau qui soit au monde; il le
respecte trop pour oser lui parler de sa
passion; ce respect lui coûte la vie. C'est
lui que je pleure; c'est le plus honnête
et le plus aimable des hommes, qu'un
amour malheureux va faire descendre
au tombeau.

A cet endroit, Nisida m'interrompit.
Fabian, je n'ai jamais connu l'amour;
mais il me semble qu'il y auroit de la
simplicité à mourir plutôt que d'oser
dire à une femme qu'on l'aime. D'abord,
cet aveu ne peut l'offenser; et en sup-
posant qu'il soit mal reçu, on est toujours à temps de mourir.——Belle Nisida,

quand on considère l'amour avec des
yeux indifférens, on ne voit que des jeux
d'enfans dont on se moque, ou dont on
a pitié; mais quand le cœur est blessé,
l'esprit et la raison, loin de nous être
utiles, sont les premiers à nous égarer.
Tel est l'état de mon ami. A force de
prières, j'ai obtenu de lui qu'il écriroit
à celle qu'il aime; je me suis chargé de
la lettre, et je la porte toujours avec
moi dans l'espérance de pouvoir la rendre. —— Ne pourrois-je pas voir cette
lettre? je suis si curieuse de connoître
le style d'un amant véritablement épris!

Je ne laissai pas échapper une si belle
occasion; je tirai de mon sein le billet
que Timbrio m'avoit remis quelques
jours auparavant; il étoit conçu en ces
termes;

« J'étois décidé, madame, à ne ja-
» mais rompre le silence; j'aimois mieux
» mourir avec votre pitié, que de vivre
» avec votre colère. Mais il seroit trop
» affreux de ne pas vous apprendre que
» je vous adore. Si cet aveu ne vous of-
» fense pas, je sens que je chérirai en-

» core la vie pour vous la consacrer ; si
» ma témérité vous paroît punissable,
» ma mort l'expiera bientôt.

Nisida lut cette lettre avec beaucoup
d'attention. Je ne crois pas, me dit-elle,
qu'une déclaration d'amour aussi respec-
tueuse puisse déplaire ; je t'exhorte à
rendre ce billet, sans crainte qu'il soit
mal reçu. Il n'est pas encore temps, lui
répondis-je ; mais mon ami se meurt,
et vous pourriez sauver ses jours. —
Eh ! comment ? — Faites réponse à ce
billet, comme s'il s'adressoit à vous :
cet innocent artifice lui rendra la vie, et
me donnera le temps de trouver l'occasion que je désire. — Non ; je n'ai jamais répondu à des lettres d'amour, et
je ne voudrois pas commencer par un
mensonge ; mais qui t'empêche de rapporter à ton ami tout ce qui vient de se
passer, en mettant le nom de celle
qu'il aime à la place du mien ? Tu lui
diras qu'elle a lu sa lettre, qu'elle t'a
exhorté à la rendre ; qu'à la vérité tu
n'as pas osé lui dire que le billet étoit
pour elle-même, mais que tu as lieu

d'espérer qu'elle l'apprendra sans colère.
Cette ruse doit être utile à la santó de
ton compatriote , et ne peut être dé-
mentie par rien lorsque tu auras parlé à
sa véritable maîtresse.

Surpris de cette invention , je balbu-
tiai quelques paroles de remerciment ,
et je courus tout rapporter à Timbrio.
L'espoir qu'il en conçut, ses transports ,
sa reconnoissance , furent autant de liens
qui m'enchaînèrent davantage à mon
devoir. Je redoublai de soins auprès de
Nisida ; et, en proie à une passion que
sa vue ne faisoit qu'accroître, je ne lui
parlai que de mon ami ; j'employai pour
lui les expressions que mon cœur me
fournissoit pour moi-même , et je fis
servir à l'amitié jusqu'au sentiment qui
auroit dû la détruire.

Enfin j'osai tout déclarer. J'appris à
Nisida que mon ami étoit ce Timbrio
qui avoit pensé mourir pour elle. J'exal-
tai sa naissance, ses qualités, ses vertus ;
en un mot , je le peignis comme je le
voyois. Nisida ne l'avoit pas oublié ; elle
me marqua une surprise vraie ou feinte ,

me reprocha ma hardiesse, me menaça de tout dire à son père ; mais à travers la colère qu'elle s'efforçoit de montrer, je vis clairement que Timbrio étoit aimé.

Ce fut le dernier coup pour moi. Je l'attendois depuis long-temps ; il ne m'en fut pas moins sensible. Je résolus d'apprendre à Timbrio son bonheur, et de m'enfuir ensuite pour aller mourir dans un désert. Mais je comptois trop sur mon courage ; au moment où j'entrepris de dire à mon rival qu'il étoit aimé, je perdis la parole ; mes yeux se remplirent de larmes ; vainement je voulus cacher mon trouble ; mes sanglots me trahirent, mes forces m'abandonnèrent, et je tombai dans les bras de mon ami en le baignant de mes pleurs.

Timbrio, surpris et effrayé, me soutient, m'embrasse, me questionne ; il veut savoir la cause d'une si vive affliction ; je me tais ; il me presse ; je baisse les yeux..... Ah ! je t'entends, s'écrie-t-il, tu l'aimes, tu l'aimes ; eh ! comment ne l'aurois-tu pas aimée ! Ton cœur gémit du sacrifice qu'il veut faire à l'ami-

tié ; j'en serois indigne si je l'acceptois.
Aime Nisida , je ne la reverrai jamais ;
je vivrai peut-être sans elle ; je serois
sûr de mourir si je faisois ton malheur.
En disant ces mots , il détournoit son
visage pour me dérober ses larmes , et
il me pressoit contre sa poitrine.

L'amitié m'inspira dans ce moment :
je me sentis élever au-dessus de moi-
même. Tu t'es mépris , lui répondis-je ;
ce n'est point Nisida que j'aime , c'est
sa sœur ; je n'ai pu toucher son ame ; et
la violence d'un amour rebuté cause
seule mon désespoir. Ne me trompes-tu
pas ? me dit-il en me regardant. —
Non , mon cher Timbrio. J'adore Blanche ; elle méprise mes vœux ; pardonne
si la comparaison de ton heureux sort
au mien vient de m'arracher quelques
larmes ; je te promets de n'en plus
verser. Va , je sens près de toi que mon
bonheur ne dépend pas de l'amour.

Timbrio me crut, ou feignit de me
croire. Il étoit résolu de s'assurer avec
le temps de la vérité de mes paroles ;
j'étois décidé moi-même à tous les sacri-
fices

fices nécessaires à son repos. Ce n'étoit pas assez d'immoler ma véritable passion, il falloit feindre d'en sentir une autre; dès le lendemain je découvris à Blanche qui j'étois, et je lui parlai d'amour.

Blanche m'aimoit depuis long-temps sans oser se l'avouer à elle-même. Dès qu'elle se crut aimée, elle le dit à sa sœur. Cette confidence devint utile à Timbrio. Nisida résistoit encore à un sentiment qu'elle redoutoit; elle en fut moins effrayée en trouvant une compagne : elle osa parler de son amour, et s'en pénétra davantage. Les deux sœurs, en se témoignant leurs craintes, se rassurèrent mutuellement; et le plaisir d'épancher leurs ames, leur fit mieux connoître le plaisir d'aimer.

A la faveur de mon déguisement, je conservois toujours un libre accès dans la maison. Je portois les lettres de mon ami ; je lui procurois quelquefois le plaisir de voir sa maîtresse ; alors je redoublois d'empressemens auprès de Blanche. Timbrio, qui remarquoit avec joie combien j'étois aimé, me félicitoit en m'em-

F

brassant, et me juroit de n'épouser Nisida que le jour où je deviendrois l'époux
de sa sœur. Je baissois la tête, résigné à
tout ce que l'amitié ordonneroit de moi.

Nous n'attendions plus que des nouvelles d'Espagne pour demander la main
de Blanche et de Nisida, lorsque Pransile, ce cavalier qui avoit eu à Xérès
une querelle avec Timbrio, arriva dans
Naples pour se battre avec lui. Comme
la réparation devoit être publique, il
fallut du temps pour obtenir la permission du vice-roi, et faire nommer des
juges. Enfin ce terrible combat fut indi-
qué à huit jours de là, dans une grande
plaine peu distante de la ville.

Cette nouvelle fit du bruit; et, malgré nos soins, Nisida en fut instruite.
Son inquiétude et sa douleur furent aussi
vives que son amour. Languissante et
désolée, elle passa dans les larmes et
sans prendre de nourriture les huit jours
de délai qui lui sembloient si longs et
si courts. L'affreuse incertitude, plus
cruelle que le malheur même, eut bientôt épuisé ses forces; elle tomba malade,

et son père, ignorant toujours la véritable cause de son mal, résolut, pour la rétablir, de la mener à sa maison de campagne.

Le jour de leur départ, qui étoit la veille du combat, Nisida me fit appeler. En arrivant près de son lit, j'eus peine à la reconnoître, elle étoit pâle, défaite, ses longues paupières étoient humides, Fabian, me dit-elle d'une voix foible, tu feras mes adieux à Timbrio, tu lui diras que mes jours tiennent aux siens, et que demain il défendra ma vie. Pour toi, son meilleur ami après moi, je suis bien sûre que tu ne le quitteras pas ; s'il lui arrivoit un malheur, tu seras là pour le secourir. Ah ! je voudrois pouvoir te suivre. Tiens, ajouta-t-elle en détachant de son cou une relique précieuse qu'elle mouilloit de ses larmes, porte-la-lui ; tu lui diras qu'elle m'a toujours préservée de tout danger, et que c'est demain qu'elle doit m'être le plus utile. J'ai encore un service à te demander ; je pars avec mon père pour aller à sa maison de campagne qui n'est qu'à une demi-lieue

du champ de bataille, promets-moi d'y
venir sur-le-champ m'apprendre l'événe-
ment du combat. Si Timbrio est vainqueur, mets à ton bras cette écharpe
blanche, je la verrai de loin, tu m'é-
pargneras des tourmens, s'il succombe,
je n'aurai plus besoin de toi.

Je promis tout, et je courus porter la
relique à Timbrio. Sa fierté, sa valeur,
en furent doublées : il la baisa, la mit
sur son cœur, et, sûr d'être invincible,
il eût défié l'univers.

Enfin le moment arriva : toute la ville
de Naples s'étoit rendue sur le champ de
bataille. Pransile et Timbrio se présen-
tent : ils choisissent pour armes l'épée
et le poignard. La barrière s'ouvre, les
trompettes sonnent, les deux ennemis
s'élancent.

Le combat fut long-temps égal. Pransile étoit adroit et vaillant ; il blesse
Timbrio, et la victoire balance toujours.
Enfin l'amour eut l'avantage : Timbrio
atteint Pransile, et le renverse à ses
pieds. Mon généreux ami jette son épée,
et court à son secours : Pransile s'avoue

vaincu : tous les spectateurs applaudissent.

L'affreuse incertitude où j'avois été si long-temps , la douleur que m'avoit causée la blessure de Timbrio, la joie de sa victoire, tout m'avoit tellement troublé que j'oubliai l'écharpe blanche, et je volai sans elle annoncer notre bonheur à Nisida. Hélas ! à mesure que l'instant fatal approchoit, la fièvre brûlante avoit redoublé dans ses veines. Malgré sa foiblesse, elle s'étoit traînée aux fenêtres les plus élevées de sa maison ; là, soutenue par ses femmes , les yeux fixés sur le chemin, elle attendoit la vie ou la mort : elle m'apperçoit, ne voit pas l'écharpe, et tombe sans mouvement dans les bras de sa sœur.

J'arrive ; toute la maison étoit en larmes : je pénètre jusqu'à Nisida ; on lui prodiguoit des secours inutiles ; rien ne pouvoit la ranimer. Je vois ses yeux fermés, sa bouche ouverte, ses lèvres pâles : c'est alors que je me rappelle mon funeste oubli. Égaré par mon désespoir, je sors de cette maison ; je n'ose plus

F 3

aller retrouver un ami à qui je suis sûr de donner la mort. Incertain, furieux, désolé, je prends le premier chemin que je trouve. A peine avois-je fait quelques pas, que je m'entends appeler à grands cris : je me retourne ; c'étoit Félix, le page de Timbrio. Mon maître vous attend, me dit-il ; venez promptement le trouver. Je ne peux plus revoir ton maître, lui répondis-je ; Nisida est morte, et c'est moi qui l'ai tuée. En prononçant ces mots, je m'éloigne précipitamment. J'arrive à Gaïette : un vaisseau alloit mettre à la voile pour l'Espagne ; je m'embarque, et je reviens dans ma patrie, où j'ai pris cet habit que je ne veux plus quitter.

Voilà, bergers, le récit de mes malheurs. J'avois espéré de trouver la paix dans cet hermitage ; je n'y trouve que la solitude. En vain je m'efforce de tourner mon ame vers le grand objet qui devroit l'occuper toute entière ; le souvenir de ce que j'ai perdu me poursuit à chaque instant. Je me dis tous les jours qu'il faut oublier Nisida et Timbrio ; et tous les jours je les pleure.

Les bergers ne tentèrent pas de consoler l'hermite; mais ils s'affligèrent avec lui. La nuit étoit avancée, et la lune au plus haut de son cours; ils quittèrent l'hermitage, et furent bientôt rendus à la cabane d'Elicio. Là, ils se couchèrent sur des peaux de chèvres; et dès qu'Elicio vit ses trois compagnons endormis, il se leva, et sortit pour exécuter un projet qu'il avoit médité tout le jour.

Devant la porte de la cabane d'Elicio étoit un beau cerisier, dont le berger avoit toujours pris soin, et qui alors étoit couvert des plus belles cerises du pays. Pendant un certain temps de l'année, ce bel arbre, encore tout jeune, et dont la tige étoit mince, suffisoit cependant pour nourrir son possesseur. Deux tourterelles blanches l'avoient choisi pour y faire leur nid; elles l'avoient placé tout au haut, dans une fourche formée par quatre branches. Elicio regardoit comme un heureux présage que des tourterelles vinssent nicher près de sa cabane; bien loin de les troubler, il portoit sous le cerisier des épis de bled, de la graine de

chanvre, et même de la laine, pour que
les tourterelles en garnissent le dedans
du nid, et que leurs petits fussent couchés plus mollement.

Tandis qu'Elicio étoit à la noce de
Silvérie, un pâtre de Mœris vint tendre
ses filets auprès du cerisier, prit les deux
tourterelles, et les porta sur-le-champ à
la fille de son maître. C'étoient les mêmes que Galatée avoit laissé échapper.
Elicio, qui les reconnut, avoit promis à
sa bergère qu'elles reviendroient la trouver; il voulut tenir sa parole. Il sort de
sa cabane pour saisir pendant leur sommeil le père et la mère, et les mettre
dans une cage avec leurs petits. A l'aide
d'une échelle qu'il appuie contre le
chaume de sa maison, il monte à la hau-
teur de la branche, avance le corps,
écarte doucement les feuilles, et voit à
la clarté de la lune les deux tourterelles
dans le nid, la tête sous une aîle, et
l'autre aîle un peu déployée pour mieux
couvrir leurs petits : elles ne se réveil-
loient pas. Il ne tenoient qu'à Elicio de
les prendre; jamais il n'en eut le courage:

Non, dit-il, charmans oiseaux, vous ne
serez point privés de la liberté; vous
appartiendrez à ma bergère, mais sans
être esclaves; et vous vivrez toujours
près d'elle, quoique libres de vivre ail-
eurs. Il descend promptement de l'é-
chelle; il court chercher une bêche, et
revient au cerisier : il creuse un fossé tout
autour; et lorsque l'arbre sur sa motte,
ne tient plus que par sa base au milieu
de ce fossé, il appuie horizontalement le
tranchant de sa bêche, l'enfonce avec
précaution, et, sans effort, sans ébranler
l'arbre, il le détache, avec sa motte,
de la terre. Alors il le prend dans ses
bras, se relève doucement, sort du fossé
sans secousse; et d'un pas lent, mais sûr,
qui agite à peine les branches de l'arbre,
il gagne la maison de Galatée.

La chambre où couchoit la bergère
avoit une fenêtre qui donnoit sur les
champs; c'est devant cette fenêtre que
s'arrête Elicie. Il dépose doucement à
terre le cerisier; l'arbre se tient debout,
tant le berger a mis d'adresse à l'enlever.
Elicio, qui avoit pris soin d'attacher sa

bêche sur ses épaules, fait une fosse,
place le beau cerisier, et le tourne de
manière que le nid se trouvant devant la
fenêtre, Galatée, en étendant la main
puisse caresser les petits tourtereaux.
Content de son ouvrage, il regarde s'il
n'a pas trop effrayé les tourterelles; elles
n'avoient été que réveillées. Elicio dis-
tingua leurs têtes, qu'elles alongeoient
par-dessus la mousse du nid. Pardonnez,
leur dit-il, pardonnez-moi, tendres colombes, si j'ai troublé votre sommeil;
c'est pour votre bonheur autant que pour
le mien: vous êtes à Galatée. Dès qu'elle
ouvrira sa fenêtre, volez sur son épaule,
béquetez ses beaux cheveux blonds; ap-
prenez à vos petits à aimer, à caresser
votre maîtresse; quand je vous saurai
près d'elle, je ne vous regretterai pas.
Mais si jamais un rival se présentoit à
cette fenêtre, ah! fuyez, oiseaux cons-
tans, venez me retrouver, venez gémir
sur ma cabane; vous n'aurez pas long-
temps à vous plaindre avec moi.

L'aurore commençoit à paroître,
l'hirondelle gazouilloit déja sur la che-

minée de Galatée, quand Elicio reprit sa
bêche, et regagna sa chaumière. Il n'é-
toit pas encore bien loin, qu'il entendit
marcher derrière lui : Il regarde ; c'étoit
Mœris, le père de Galatée. Elicio eut
peur, comme s'il eût été coupable. Mœris
le rassura bientôt ; et, sans lui demander pourquoi il étoit au village de si bon
matin, J'allois chez toi, lui dit-il, pour
te confier un secret, et te demander un
service qui intéresse ma fille. Le berger,
plein de joie, lui baisa les mains avec
transport : ils entrèrent ensemble dans
un petit bois de myrtes qui n'étoit pas
éloigné du chemin.

LIVRE TROISIÈME.

Nous nous plaignons toujours des maux sans nombre de cette courte vie ; et c'est de nous - mêmes que viennent presque tous ces maux. La soif de l'or, voilà le principe des crimes et des malheurs. Le créateur du monde l'avoit prévu : il cacha ce funeste métal dans les entrailles de la terre ; et, non content de combler le précipice, il le couvrit de fleurs, de fruits, de tout ce qui devoit suffire à l'homme pour ses besoins et ses plaisirs. L'insatiable avarice n'eut pas assez de tant de bienfaits ; elle pénétra dans ces abîmes à force de travaux et de périls ; elle arracha l'or aux enfers, et découvrit aux humains la source de tous les vices. Hélas ! qui a le plus souffert de cette fatale découverte ? l'amour. Un cœur sensible ne suffit plus pour avoir le droit d'aimer : si l'on veut obtenir celle que l'on rendroit heureuse, il faut

des

des preuves de richesse, et non des preuves de constance. L'amant sans fortune peut être aimable, mais ne peut être heureux : plus il est fidèle, plus il est à plaindre ; les tourmens et le désespoir sont le partage de sa vie. Que faut-il donc faire quand on est pauvre et sensible ? Ne pas aimer ? Ah ! c'est encore pis.

Elicio n'avoit pas fait toutes ces réflexions quand il s'étoit attaché à Galatée : ou peut-être les avoit-il faites ; car de quoi servent les réflexions en amour ? On prévoit les chagrins, on s'y expose ; ils arrivent, et sont aussi douloureux que s'ils étoient inattendus.

Erastre, Tircis et Damon furent surpris, à leur réveil, de ne pas trouver Elicio. Le soleil avoit déjà fait près de la moitié de son cours : inquiets de ne pas le voir de retour, ils allèrent le chercher au village. Comme ils traversoient le petit bois de myrtes, ils entendirent la voix de leur ami. Attentifs et curieux, ils s'arrêtèrent pour écouter. Elicio chantoit ces paroles :

G

J'aimois une jeune bergère,
Mon amour faisoit mon bonheur ;
Je croyois posséder le cœur
De celle qui m'étoit si chère.
    Hélas ! pour un autre amant
Elle trahit mon espérance ;
Et j'aime mieux pleurer son inconstance
Que d'être heureux en l'oubliant.

J'étois encore enfant comme elle
Quand l'amour fit naître mes feux ;
Mon cœur, pour en être amoureux,
N'attendit pas qu'elle fût belle.
    Hélas ! pour un autre amant
Elle trahit mon espérance ;
Et j'aime mieux pleurer son inconstance
Que d'être heureux en l'oubliant.

Les bergers, alarmés par ces tendres plaintes, coururent vers Élicio : ils le trouvèrent assis au pied d'un hêtre, le visage baigné de larmes. A peine il les apperçut, que, se levant précipitamment, il vint se jetter au cou d'Erastre. Mon ami, lui dit-il, nous allons perdre

Galatée. Elle nous quitte pour jamais. Écoutez, ajouta-t-il en regardant Tircis et Damon, le funeste secret que Mœris m'a confié ce matin : je vais vous rapporter ses propres paroles.

Élicio, m-a-t-il dit, je dois reconnoître l'attachement que tu m'as toujours marqué, en t'instruisant le prémier du mariage de ma fille. Je l'ai conclu hier : elle épouse un riche Portugais dont les immenses troupeaux couvrent les bords du Lima. Quatre bergers, envoyés par ce futur époux, viennent d'arriver chez moi et partiront demain avec Galatée. Je sais que tu t'intéresses à ma fille comme si tu étois son frère, et je t'ai choisi, mon cher Élicio, pour te prier de l'accompagnr en Portugal, d'être présent à ses nôces, et de venir me rapporter des nouvelles certaines de ton bonheur.

Malgré le trouble où m'a mis ce discours, j'ai retrouvé ma voix pour y répondre. Comment ! lui ai-je dit, vous avez pu consentir à vous séparer de votre fille ! vous avez pu la condamner à vi-

vre loin de son père et de sa patrie. Êtes-
vous certain de ne pas faire son malheur
en l'exilant dans un pays étranger ? Pen-
sez-vous qu'elle ne regrette pas..... J'ai
sondé le cœur de ma fille, interrompit
Mœris : je l'ai instruite de mes résolu-
tions : elle m'a répondu, avec sa douceur ordinaire, qu'elle seroit toujours
prête à m'obéir. J'ai même démêlé sur son
visage une légère émotion, marque certaine de cette joie qu'éprouve la fille la
plus sage en apprenant qu'elle va se marier. Ne sois donc pas inquiet de son
bonheur, et va te préparer au voyage
que j'attends de ton amitié. Voilà, mes
amis, ce que m'a dit Mœris : voilà l'évé-
nement que je craignois plus que la mort.

Tircis, Damon, et sur-tout Érastre,
s'affligèrent avec Elicio. Mais, lui dit
Damon, puisque Mœris vous estime et
vous aime, pourquoi n'avez-vous pas
tenté de lui faire l'aveu de votre amour ?
Vous ne le connoissez pas comme moi,
lui répondit Elicio : il a déclaré qu'il
vouloit que son gendre eut autant de
biens que sa fille. Si j'avois osé parler,

il auroit cru que j'aimois sa fortune, et
son amitié pour moi se seroit changée en
mépris. Mœris est trop riche pour n'être
pas défiant : je suis trop pauvre pour être
hardi.

Mon ami, lui dit Tircis, ne perdez
pas toute espérance : allons trouver Galatée : allons savoir d'elle-même s'il est
vrai qu'elle consent à épouser ce Portugais : et si, comme je le crois, il lui
en coûte pour obéir à son père, nous tâ-
cherons de rompre ce funeste mariage.
L'amour et l'amitié nous inspireront :
seuls ils ont fait des miracles, que ne
feront-ils point réunis ?

Élicio suivit le conseil de Tircis. Les
quatre bergers prirent le chemin de la
fontaine des Ardoises, où Galatée se reposoit souvent. Ils espéroient l'y trouver :
leur attente ne fut pas trompée. La bergère étoit assise au bord de l'eau, et
plongée dans une si profonde rêverie,
qu'elle n'apperçut point les bergers. Ses
yeux humides regardoient la fontaine :
son front étoit appuyé sur une de ses
mains, et de l'autre elle caressoit le chien

d'Élicio, ce chien qui, depuis si long-
temps, étoit plus souvent avec elle
qu'avec son maître. Le fidèle animal,
couché aux pieds de Galatée, avoit la
tête appuyée sur les genoux de la bergère, les yeux fixés sur les siens : et
son air inquiet et reconnoissant sembloit
lui demander pourquoi, ce jour-là, il
étoit caressé plus qu'à l'ordinaire. Élicio
fit arrêter ses compagnons pour jouir de
ce spectacle : une douce satisfaction rem-
plaçoit déja la douleur peinte sur son visage. Galatée, qui se croyoit seule avec
le chien, se mit à chanter ces paroles :

O toi qui suis toujours mes pas,
Toi, le compagnon de ma vie,
Tu vas perdre ta bonne amie :
Elle quitte ces beaux climats.

Une obéissance cruelle
M'arrache à ces prés, à ces bois,
Où j'entendis souvent la voix
D'un amant comme toi fidèle.

Aimable chien, viens avec moi :

Toujours seule avec ma pensée,
De ma félicité passée
Il ne me restera que toi.

Quitte ton maître pour me suivre :
Tu reviendras au premier jour :
Il apprendra par ton retour
Que loin de lui je n'ai pu vivre.

Les larmes que versoit Galatée ne lui
permirent pas de poursuivre. Élicio pleuroit aussi : mais c'étoit de joie. Il n'est
plus maître de son transport : il court
vers la bergère, tombe à genoux devant
elle, et saisit une de ses mains qu'il
presse contre ses lèvres. Galatée surprise
fait de vains efforts pour la retirer : elle
s'apperçoit que d'autres bergers la regardent, elle veut se fâcher : elle ne le peut
pas : elle veut fuir : le chien l'en empêche :
il tourne autour d'elle en sautant : il les
caresse tous deux à-la-fois : on diroit
qu'il jouit du bonheur qu'il vient de pro-
curer à son maître.

Tircis, Damon, Erastre même étoient
attendris, et n'osoient approcher des deux

G 4

gneus. Galatée les appelle, fait relever
Elicio, et s'efforçant de dérober ses larmes : Je ne prétends plus, leur dit-elle,
cacher un secret que mon imprudence a
trahi. Oui, je regrette ma patrie : j'y
laisse peut-être mon cœur : mais je n'en
suis que plus résolue à obéir à mon père :
ce devoir sacré l'emportera sur tout. Je
vous conjure de ne pas redoubler par vos
plaintes une douleur qui seroit inutile,
et sur-tout de ne pas troubler une solitude
devenue nécessaire après un tel aveu. A
ces mots, elle s'éloigne, laissant les quatre bergers interdits. Le chien d'Elicio fut
le seul qui osa la suivre : elle s'en apperçut, et voulut l'en empêcher en le menaçant de sa houlette ; mais le chien s'offrit
à ses coups, et la pauvre Galatée ne put
jamais venir à bout ni de le battre ni de
le chasser.

Les quatre amis, restés ensemble, tin-
rent conseil sur les moyens de rompre ce
fatal mariage. Tircis étoit d'avis de rassembler les bergers de la contrée, et de
venir tous ensemble supplier Mœris de
ne pas leur enlever le trésor dont ils

étoient si fiers. Damon vouloit aller en Portugal menacer le futur époux, et l'effrayer de manière qu'il renonçât lui-même à Galatée. Elicio inclinoit vers ce parti. Erastre, la main sur ses yeux, ne disoit rien, et pleuroit : Non, mes amis, s'écria-t-il, en essuyant ses larmes, tous ces moyens ne serviront qu'à irriter Mœris. J'ai un projet qui rendra tout le monde heureux, excepté moi ; c'est à celui-là que je m'arrête, et de ce pas je vais l'exécuter. En disant ces paroles il embrasse Elicio, et s'éloigne.

Les bergers qui comptoient peu sur l'invention d'un homme aussi simple qu'Erastre, se proposèrent d'aller consulter l'hermite Fabian. Déja ils étoient en chemin lorsqu'ils rencontrèrent un cavalier superbement habillé, monté sur un magnifique cheval, et suivi de deux dames sur des haquenées. Une troupe nombreuse de valets prouvoient que c'étoient des personnes de distinction. Les bergers les saluèrent en passant ; et l'inconnu, leur rendant le salut, arrêta Elicio : Voudriez-vous bien, lui dit-il,

nous indiquer dans ces forêts un lieu com‡
mode po... passer... ...leures ? Les
dames que... ...ont fatiguées de
la chaleur de la ro..., et voudroient se
reposer ici. Elicio, ... s'oublioit tou-
...urs pour penser aux autres, les conduisit à la fontaine des Ardoise, qui n'étoit
qu'à deux pas. Dès qu'ils y furent arrivés, leurs valets dressèrent une table qui
f... ...entôt couverte de rafraîchissemens.
Les deux dames, assises sur l'herbe, le-
vèrent leurs voiles, et surprirent Tircis
et Damon par l'éclat de leur beauté. L'aînée de ces deux inconnues l'emportoit
encore sur la plus jeune ; mais peut-être
ne devoit-elle cet avantage qu'à la profonde tristesse qui sembloit obscurcir les
attraits de sa cadette.

Elicio pressoit ses compagnons de reprendre le chemin de l'hermitage ; le
cavalier les retint. Laissez-moi jouir,
leur dit-il, du bonheur de vous avoir
rencontrés ; je voudrois ne vivre qu'a-
vec des bergers. Quelle différence de votre
heureux sort à celui des habitans des
villes ! la nature vous donne pour rien

tous les plaisirs dont nous achetons l'i-
mage : l'oisiveté avance nos jours; le travail prolonge les vôtres: l'ennui, le mensonge, la gène, voilà notre vie; la joie,
la franchise, la liberté, voilà la vôtre. Ah !
dès demain je me fais berger, si Nasida
veut devenir bergère.

Au nom de Nisida, Elicio regarda les
deux dames avec un air de surprise et
d'intérêt qui fut remarqué du cavalier.
Pardonnez, lui dit Elicio, si le nom de
Nisida me fait une impession si vive; il
n'y a pas long-temps qu'un de nos amis
versoit bien des larmes en nous parlant
de Nisida. Avez-vous, reprit l'inconnu,
quelque bergère qui s'appelle ainsi ? ——
Non. Celle dont il étoit question n'est
pas bergère : elle n'est pas même de ces
contrées; Naples est sa patrie. —— Naples !..... Eh ! comment savez-vous ?....
— Je vous l'expliquerai : dites-moi d'abord si vous ne vous appellez pas Timbrio , et si cette jeune personne n'est pas
Blanche , sœur cadette de Nisida. —
Vous avez dit leurs noms. —Ah ! Fabian , quel jour heureux pour toi ! —

G 6

Vous connoissez Fabian ? — Est-il ici ? s'écria Blanche : et sa pâleur fut à l'instant effacé par le plus vif incarnat.

Oui, lui dit Elicio, il est ici ; et le chagrin de vous avoir perdus alloit terminer une vie qu'il a consacrée à la pénitence. Fabian est hermite ; son hermitage n'est pas loin. Courons l'embrasser, s'écria Timbrio. Blanche étoit debout, et marchoit déja sans savoir le chemin qu'il falloit prendre. Nisida s'appuie sur le bras de son amant ; et Tircis, Damon et Elicio les guident vers l'hermitage.

Il étoit presque nuit quand ils arrivèrent au pied de la colline. Timbrio, Nisida, et sur-tout la jeune Blanche, montèrent le sentier sans reprendre haleine. Parvenus à la porte de l'hermitage, ils la trouvèrent ouverte ; ils regardent, et ne voient personne dans la cellule. Inquiets de ne pas trouver l'hermite, ils alloient l'appeller, et parcourir la montagne. Le prudent Tircis les arrête : Fabian, leur dit-il, est surement près d'ici ; mais ce malheureux ami, qui n'espère plus vous voir, qui vous pleure

sans cesse , va mourir de sa joie , si vous
vous offrez tout d'un coup à lui. Ménagez-le , contenez vos tranports , et trouvons un moyen de préparer son ame à un
plaisir qu'elle ne soutiendroit pas. Tout
le monde approuve l'avis de Tircis : on
décide qu'il faut envoyer les bergers au-
devant de Fabian , pour lui annoncer
avec précaution les tendres amis qu'il va
revoir,

Pendant que l'on se consultoit , Blanche considéroit à la clarté de la lune l'intérieur de la cellule. Une natte de jonc ,
une escabelle , un crucifix de buis , c'étoient tous les meubles de Fabian : Blanche les examine long-temps , puis elle
va se mettre à genoux devant le crucifix,
et remercie tout bas le ciel de l'avoir
conduit dans cet hermitage.

Trimbrio et les bergers la regardoient
avec attendrissement , lorsque des soupirs et des plaintes leur apprennent que
Fabian n'est pas loin. Tout le monde
s'approche : on apperçoit l'hermite sous
un olivier sauvage , à genoux sur un
quartier de roc , les bras tendus vers le

ciel. A cette vue les deux sœurs et Timbrio veulent se précipiter dans ses bras;
Tircis ne peut les retenir : mais Fabian
commence sa prière, et tous s'arrêtent
pour l'entendre. Nisida et Timbrio restent les bras tendus : Blanche, respirant
à peine, avance sa tête par-dessus leurs
épaules, et essuie à chaque instant les
pleurs qui l'empêchoient de bien voir
son ami.

O mon Dieu ! disoit Fabian, Être su-
prême que je veux aimer uniquement,
vous qui remplissez le monde, et qui
devez remplir mon cœur, ne vous offen-
sez pas de mes larmes : j'ai tout perdu ;
je n'ai pas murmuré. O mon Dieu ! cal-
mez les maux que je souffre ; mais ne
m'arrachez pas entièrement le souvenir
de mes malheurs.

Aux premiers mots de Fabian, Blanche pleuroit ; elle sanglottoit aux derniers. Tircis, craignant qu'elle ne fût
entendue, dit à Damon d'aller avec Élicio
interrompre l'hermite, tandis qu'il res-
teroit avec les deux sœur et Timbrio pour
les empêcher de se montrer.

Les deux bergers obéirent. Fabian les reçut avec amitié. Vous vous plaignez toujours, lui dit Élicio, et vos malheurs touchent peut-être à leur terme. Vous les connoissez, répondit l'hermite, jugez s'ils peuvent finir. — Oui, sans doute; Nisida vit encore : elle est, avec sa sœur et Timbrio, occupée de vous chercher par toute l'Espagne. Quelqu'un les a rencontrés.— Que dites-vous ? Est-il bien sûr que ce soit mon ami, que ce soient les deux sœurs ? .... Ah! ne vous jouez pas d'un malheureux : vous aviez paru prendre pitié de mes maux ; ne venez pas les aigrir en m'abusant d'un faux espoir.

Comme il disoit ces paroles, Tircis, pour préparer une si tendre reconnoissance, dit à Nisida de chanter de l'endroit où elle étoit, sans s'offrir encore aux yeux de l'hermite. Nisida suivit son conseil, et commença ce premier couplet d'une chanson que Fabian avoit faite autrefois.

Amitié, reprends ton empire
Sur l'aveugle dieu des amans :

Dans la jeunesse il peut suffire ;
Tu rends heureux dans tous les temps.
Il fait naître une vive flamme ;
Tu formes un tendre lien :
Il n'est que le plaisir de l'ame ;
Et toi seule en es le soutien.

Fabian parloit encore, lorsque la voix
de Nisida vint frapper son oreille. Il s'arrête, il écoute, il reste immobile, les
yeux fixes et la bouche ouverte : ensuite,
regardant d'un air égaré, sa raison l'aban-
donne, la terreur se peint sur son visage;
il prend les deux bergers pour des fantô-
mes, et les considère avec effroi. Cependant la voix continue, et vient retentir
au fond de son ame : peu à peu sa crainte
se dissipe ; ses traits, ses yeux, repren-
nent leur douceur : il revient à lui,
s'élance comme un trait vers l'endroit
d'où partoit la voix ; il arrive, regarde,
et tombe sans mouvement dans les bras
de son ami.

Nisida et Timbrio appellent : les bergers accourent ; on s'empresse, on s'efforce à le ranimer. Blanche avoit déja

couru chercher de l'eau dans la cellule, elle en jette sur son visage , elle serre ses mains dans les siennes. L'hermite reprend ses sens; il ouvre les yeux, il doute encore de son bonheur : Est-ce bien toi ? dit-il à Timbrio ; est-ce toi que j'ai tant pleuré? — Oui , c'est moi ; c'est ton ami, celui qui te doit la vie. Ils s'embrassent, ils confondent leurs larmes , ils restent long-temps serrés l'un contre l'autre. Plus de chagrin , lui dit Timbrio, nous sommes tous réunis : voici Nisida ta bonne amie ; voilà Blanche , qui alloit mourir si nous ne t'avions pas trouvé : que te faut-il encore ? Ah ! rien , répond l'hermite en souriant et pleurant à-la-fois. Blanche et Nisida lui tendent les bras. Fabian veut parler ; mais il fait de vains efforts : il prend les mains des deux sœurs , les joint toutes deux sur sa poitrine , et tombe à genoux en sanglottant.

Cette scène attendrissante dura quelques momens encore. Fabian conduisit ses amis dans sa cellule , et leur fit le détail de tout ce qui lui étoit arrivé depuis

leur séparation. Ce récit fut court : le
prudent Fabian, toujours victime de
l'amitié, parla de son amour pour Blanche, comme du sentiment qui l'avoit le
plus occupé pendant sa solitude. Blanche
transportée, n'osoit rien rien dire ; mai
elle embrassoit sa sœur.

· L'hermite supplia son ami de lui raconter à son tour ses aventures depuis le
moment où, pour aller porter la nouvelle
de sa victoire à Nisida, il l'avoit laissé
sur le champ de bataille. Les bergers se
joignirent à Fabian pour demander ce
récit : Timbrio ne se fit pas presser.

Après mon combat avec Pransile,
impatient de revoir Fabian, j'envoyai
mon page à la maison de campagne de
Nisida : il en revint tout effrayé ; et
m'annonça la mort de ma maîtresse, et
la fuite de mon ami. Frappé comme d'un
coup de foudre, je partis sur-le-champ
pour aller m'informer moi-même de tous
mes malheurs. Arrivé à cette maison de
campagne, ni mes instances, ni mes
présens, ne purent m'en ouvrir l'entrée,

et les discours et les pleurs des domestiques me confirmèrent la mort de Nisida. Je ne vous dirai point ce que je devins dans ce moment; on ne meurt point de douleur, puisque je n'expirai pas sur l'heure. Malgré mon désespoir, je me souvins qu'il me restoit un ami; et, tout blessé que j'étois, je suivis sa trace jusqu'à Gaïette. Quand j'arrivai dans cette ville, Fabian venoit de s'embarquer. Je fus forcé d'attendre le départ d'un navire catalan qui devoit retourner dans quelques jours à Barcelone. Le capitaine me reçut sur son bord; et mes larmes redoublèrent en quittant cette Italie où j'avois perdu le plus cher objet de mon cœur.

Le vent, qui d'abord nous étoit favorable, diminua tout d'un coup, et notre vaisseau, peu éloigné du port, fut presque arrêté par le calme : j'aurois vu la tempête avec plus de joie. Sans cesse occupé de mes maux, toujours pleurant ma Nisida, je demandois au ciel la mort ou mon ami : les seuls momens que je

trouvois moins amers étoient ceux où je
chantois sur un luth qui appartenoit à
un passager.

Le second jour de notre départ, au
moment où l'aurore commençoit à tein-
dre l'horizon, j'étois assis sur la pouppe,
et je considérois cette vaste mer dont les
flots tranquilles réfléchissoient les étoiles
prêtes à disparoître. Tout reposoit autour
de moi : les officiers, les matelots étoient
livrés au sommeil ; le pilote même dormoit sur son gouvernail : les voiles étoient
pliées ; on n'entendoit que le bruit de la
proue du vaisseau qui fendoit doucement
les ondes. Ce profond silence, ce grand
spectacle de la mer et du ciel, cette aurore qui venoit lentement réveiller les
malheureux, tout me retraçoit plus vi-
vement mes peines : je pris mon luth,
et je chantai ces paroles :

Tout se tait, tout est calme et dans l'air
　　et sur l'onde,
L'on n'entend que le bruit des aîles du
　　zéphir :

Tout dor, autour de moi dans une paix
  profonde ;
    Moi seul je veille pour souffrir (1).

Déja vers l'orient , sur un char de lumière ,
L'aurore à l'univers annonce un jour
  nouveau :
Ce jour est un bienfait pour la nature
  entière ;
    Pour moi seul il est un fardeau.

Sous le poids des chagrins je sens que je
  succombe ,
Nisida , cher objet d'amour et de douleur ,
Nisida , tu n'es plus : la pierre d'une
  tombe
    Enferme ton corps et mon cœur.

J'en étois à ce dernier vers ; lorsque
j'entends un bruit de rames qui sembloit
s'approcher du vaisseau. J'écoute , je

_____

(1) Agora que calla el viento,
    Y el sesgo mar esta en calma,
    No se calle mi tormento.

regarde ; les premiers rayons du jour me
font distinguer une barque : elle venoit
droit à nous , et les efforts de quatre rameurs la faisoient voler sur la mer. La
barque approche : une femme s'avance
sur le bord : Au nom du ciel , me cria-
t-elle , daignez me dire si votre vaisseau
n'est pas le navire catalan parti depuis
deux jours de Gaïette. Jugez de ma surprise ; c'étoit la voix de Blanche , de la
sœur de ma Nisida.... Ah ! ma sœur,
m'écriai-je..... et je me précipite à la corde
du vaisseau. Je descends , j'arrive dans la
barque , je cours pour me jetter dans les
bras de Blanche ; je me trouve dans ceux
de Nisida.

Je pensai mourir de ma joie : immobile et muet , je ne pouvois proférer une
seule parole. Nisida me parloit , me ras-
suroit ; je la regardois , en tremblant
que ce ne fût un songe, et que le réveil
ne m'enlevât mon bonheur.

Revenu de ce premier ravissement , je
m'occupai de faire monter dans le vaisseau la tendre Nisida et son aimable sœur.
Elles étoient toutes deux en habit de pê-

lerines ; mais le capitaine, instruit par
moi, les reçut avec le respect qu'il devoit à leur naissance. Ce fut alors que
j'appris de Blanche comment l'oubli de
de l'écharpe avoit causé à sa sœur, presque mourante, un évanouissement si
profond, que tout le monde la crut
morte. Elle ne reprit ses sens qu'au bout
de huit heures ; et, apprenant à-la-fois
ma victoire sur Pransile, mon erreur,
mon désespoir, et notre fuite, elle résolut avec sa sœur, de tout quitter pour
nous suivre. Malgré ses maux, malgré sa
foiblesse, elle voulut partir ; et Blanche disposa tout pour leur fuite. Elles
avoient de l'or et des pierreries ; tout fut
prodigué pour s'échapper de la maison
paternelle. Un domestique gagné leur
amena une litière au milieu de la nuit ;
et les deux sœurs, munies de leurs dia-
mans, et déguisées en pélerines, prirent
la route de Gaïette, où elles savoient que
je m'étois rendu. Elles y arrivèrent deux
heures après le départ du navire. A force
d'argent elles trouvèrent des rameurs qui

essayèrent de nous rejoindre : le calme
survenu seconda leurs efforts; et l'amour
qui protégeoit sans doute ces aimables
sœurs, les fit arriver sans accident jusqu'à notre vaisseau.

Je retrouvois Nisida : mais tu nous
manquois, mon cher Fabian, et c'étoit
payer bien cher la faveur que nous faisoit
la fortune. Blanche le sentoit aussi-bien
que moi. Ton absence fut du moins le
seul malheur dont nous eûmes à gémir.
Après une heureuse navigation, nous
arrivâmes à Barcelone : nous espérions
trouver de tes nouvelles ; mais nos recherches furent vaines. Blanche fut la
première à dire qu'il falloit parcourir
toute l'Espagne, et ne s'arrêter que lorsque nous t'aurions trouvé: elle étoit bien
sûre que cet avis seroit suivi. Nous réso-
lûmes d'aller d'abord à Tolède, où sont
établis des parens de Nisida. Mais, avant
tout, nous écrivîmes à son père pour
l'instruire de nos aventures, et lui demander la permission de nous marier à
Tolède : il a répondu selon nos desirs,
et

et nous étions en route pour cette ville,
nous informant par-tout de Fabian, quand
notre bonheur nous a conduits ici.

Telle fut l'histoire de Timbrio. Dès
qu'il eut cessé de parler, l'hermite le prit
en particulier ; et le menant dans un
coin de sa cellule, il lui dit d'une voix
timide : Est-ce que je n'irai pas à Tolède ? Timbrio, surpris de sa question,
le regarde : Fabian baisse les yeux, et
laisse échapper quelques larmes. Son
ami le serre dans ses bras : il faut bien
lui répondit-il, que tu viennes à Tolède
pour épouser ta chère Blanche : elle t'a-
dore ; elle n'a pas été un seul instant
sans penser à toi. Tu l'aimes toujours,
n'est-il pas vrai ? Plus que ma vie, reprit Fabian : mais je t'aime encore davantage. Allons, ajouta-t-il en souriant,
je quitterai cet habit d'hermite, et tu
m'en feras trouver un plus convenable à
un nouveau marié ; mais, si tu m'en
crois, quand nous serons les époux de
ces deux charmantes sœurs, nous revien-
drons ici vivre avec ces bons bergers qui

H

nous aiment , et qui méritent que nous
les aimions. J'en avois déja formé le projet , reprit Timbrio : je suis fatigué du
monde ; et je veux finir ma vie dans ces
bois, entre ma femme et mon ami. Après
cette conversation, ils vinrent en rendre
compte aux deux sœurs et aux bergers :
tout le monde applaudit à leur dessein.

Cependant la nuit étoit avancée. Elicio
conseilloit de gagner promptement le village. Je n'ai point de maison à vous offrir , dit-il aux quatre amans ; mais je
vais vous conduire à celle de Galatée :
Mœris, son père , se fera un honneur de
vous recevoir.

Son avis est suivi : on se met en marche ; on double le pas ; on arrive. Mœris
alloit se mettre à table avec sa fille , Florise , Téolinde , et les quatre bergers arrivés de Portugal pour emmener le lendemain Galatée. On frappe à la porte ,
les chiens aboient ; Mœris vient ouvrir
lui-même. Elicio lui demande l'hospita-
lité pour Nisida , Blanche , et les deux
amis. Le vieux berger, honoré de pareils
hôtes , les accueille avec respect : il ap-

pelle sa fille ; il fait ajouter au souper tout ce qu'il a de meilleur ; et , les invitant à se mettre à table , il s'excuse sur ce qu'ils n'étoient pas attendus.

Pendant le repas , Galatée s'efforçoit de n'être pas triste. Elicio s'étoit placé le plus loin qu'il avoit pu des Portugais ; il les regardoit avec colère , et ses yeux rencontroient quelquefois les yeux de Galatée. On sortit de table. Tous les convives allèrent prendre le frais sur des bancs de pierre qui étoient à la porte de la maison. Le vieux Mœris voulut conter à ses hôtes le brillant mariage qu'il avoit arrangé pour sa fille : il s'étendit avec complaisance sur les richesses de son gendre , richesses que les Portugais ne manquèrent pas d'exagérer. Les deux amis et les deux sœurs se croyoient obligés de féliciter Galatée : elle ne répondoit rien ; et le malheureux Elicio dévoroit ses larmes. Tout-à-coup le son funèbre d'une trompette se fait entendre dans le village.

Mœris, ses hôtes , tous les habitans alarmés courent vers la grande place

d'où sembloit venir le triste son. Ils
aperçoivent quatre bergers vêtus de deuil,
et couronnés de cyprès : deux portoient
à la main des flambeaux allumés ; les
deux autres sonnoient de la trompette.
Au milieu des quatre bergers étoit un
ministre de l'Éternel, vêtu de ses habits
sacerdotaux.

C'étoit le vénérable Salvador, le pasteur des bergers, celui qui les consoloit
dans leurs peines, et qui remercioit le
ciel de leur bonheur. Tout le village
étoit sa famille, tous les orphelins ses
enfans ; depuis quarante années il rem-
plissoit le sublime emploi de louer Dieu
et de servir les hommes.

Bergers, s'écria-t-il, c'est demain le
jour choisi dans l'année pour honorer
les cendres de nos frères dans la vallée
des tombeaux. Songez à ce devoir sacré ;
et dès l'aurore rendez-vous sur cette
place, dans le triste appareil qui convient à cette touchante cérémonie.

Après avoir prononcé ces mots d'une
voix forte ; Salvador reprit le chemin de
sa maison. Tout le monde convint de se

rassembler au point du jour pour remplir
une obligation si sainte. Mœris ne voulut
pas que sa fille y manquât ; il pria les
Portugais de différer leur départ. Elicio
en tressaillit de joie ; Galatée en conçut
une heureuse espérance.

Nisida, Blanche, Téolinde, les deux
amis, demandèrent aux habitans du village la permission de les suivre à la vallée
des tombeaux : on fut flatté de leur demande. Les quatre Portugais sollicitèrent
la même faveur : on les refusa d'une voix
unanime ; ils étoient odieux depuis que
l'on savoit qu'ils venoient chercher Galatée. Ils se retirèrent pleins de dépit ; et
tout le monde alla se livrer au sommeil.

LIVRE QUATRIÈME.

JE me livre à toi, douce mélancolie ;
viens répandre sur mes derniers tableaux
cette demi-teinte sombre qui plaît à tous
les cœurs sensibles. Ne crains pas de les
émouvoir : les larmes que tu fais couler
sont aux ames tendres ce que la rosée
est aux fleurs. Que les souvenirs que tu
donnes sont attachans! quel est l'amant
éloigné de sa maîtresse, l'ami privé de
son ami, la mère loin de son fils, qui ne
te regarde pas comme son bien le plus
cher ? Comme ils sont doux ces momens
où, séparé du monde entier, seul avec
son cœur et sa mémoire, on se recueille
dans soi-même, ou plutôt dans l'objet
aimé ! Qu'on a de plaisir à se rappeler
toutes les époques de sa tendresse! Le
premier jour où l'on aima, le premier
aveu qu'on en fit, l'air dont il fut écou-
té, les craintes, les soupçons, les que-
relles, tout est présent, tout se retrace

ec délices. On jouit de nouveau des plaisirs que l'on a goûtés : on jouit même des chagrins que l'on a soufferts. Si toute espérance est ravie, si l'impitoyable mort a moissonné l'objet de notre amour, les pleurs qu'on lui donne ont des charmes ; son souvenir laisse encore une impression de bonheur ; on seroit peut-être plus à plaindre, si l'on pouvoit se consoler.

Ainsi pensoit le sage Salvador : il consacroit un jour de l'année aux larmes de la reconnoissance, de l'amour et de l'amitié. Ce jour étoit arrivé. Salvador, revêtu de ses plus tristes ornemens, se rendit sur la grande place : il vit bientôt paroître tous les habitans du village, couverts de crêpes, couronnés de cyprès, et portant des houlettes garnies de rubans noirs. Salvador les rangea lui-même ; et, séparant les bergers des bergères, il fit marcher toute la troupe sur deux files.

Du côté droit, Nisida, Blanche, Téolinde, Florise, et toutes les jeunes filles, s'avançoient sous la conduite de Galatée. Du côté gauche, vis-à-vis d'elles, marchoient Timbrio, Fabian, Damon, Tircis, tous les jeunes garçons, ayant à leur tête Elicio. Le seul Erastre manquoit. Après eux venoit les épouses, conduites par Silvérie ; et les époux, menés par Daranio. Cette troupe d'heureux étoit presque aussi belle que la première. Elle étoit suivie d'une troisième moins brillante et plus respectable ; c'étoient les veuves et les vieillards : ils étoient guidés par Mœris, et par la mère d'Erastre. Leurs cheveux blancs n'avoient point de couronnes : leurs mains tremblantes s'appuyoient sur des bâtons noueux. Hélas ! c'étoit pour eux sur-tout que la cérémonie étoit intéressante : ils alloient pleurer sur la tombe d'un fils, d'une sœur ou d'un époux.

Salvador fermoit la marche : il avoit choisi cette place pour être plus près des plus malheureux. A ses côtés huit beaux enfans, vêtus de robes de lin, et couronnés de fleurs, portoient avec respect l'eau lustrale, l'encens et le feu. Fiers de cet emploi, qui étoit la récompense d'une année entière de sagesse, ils s'avançoient plus gravement que les vieillards.

Pour arriver à la vallée des tombeaux,
il falloit faire à peu-près une lieue toujours sur la rive du Tage, et sous une
voûte de verdure que formoit un double
rang de peupliers. Les bergers en silence marchoient sur un gazon semé de
fleurs humides encore de la rosée. Le
soleil commençoit à dorer la cime des
montagnes, et annonçoit un des plus
beaux jours de l'été : le ciel étoit par-
tout d'azur ; un doux zéphyr agitoit les
arbres, et berçoit mollement les petits
oiseaux dans leurs nids : l'alouette, déja
perdue dans les airs, se faisoit entendre
sans être apperçue ; le rossignol, fatigué
d'avoir chanté toute la nuit, se ranimoit
pour saluer le jour ; la tourterelle et le
ramier répondoient par des plaintes au
chant joyeux du pivert : les fleurs exha-
loient tous leurs parfums ; les poissons
se jouoient sur les eaux du fleuve : toute
la nature, au moment de son réveil,
sembloit remercier le Créateur du nouveau bienfait qu'il lui accordoit.

Timbrio, Blanche et Nisida, peu accoutumés à ce spectacle ravissant, le contemploient avec surprise. L'entrée de la vallée des tombeaux leur causa bientôt une nouvelle admiration.

Sur la rive de ce beau fleuve, qui roule de l'or dans son sein, est un espace d'un mille carré, ceint de toutes parts d'une chaine de collines: on y pénètre par une seule entrée. Ce long défilé est garni des deux côtés d'une haie de cyprès en amphithéâtre, et si serrés, que leurs branches entrelacées forment un mur épais aussi haut que les montagnes. Quelques rosiers, quelques jasmins sauvages, parsèment de fleurs rouges et jaunes le verd sombre de ces deux murailles. Jamais aucun troupeau ne pénétra dans cet asyle; jamais le bûcheron ne porta la hache dans ce bois sacré. Un silence profond y règne : l'on n'entend que le bruit de quelques sources qui descendent sous le feuillage, se réunissent dans un lit de mousse, et vont porter à quelques pas dans le Tage leurs petits flots argentés.

A l'extrémité de cette avenue est un

antique sapin qui semble fermer la vallée. Sur son écorce sont gravées ces paroles :

Passant, respecte cet asyle :
Si ton cœur est pervers, tremble d'y pé-
nétrer ;
Mais, s'il est vertueux, marche d'un
pas tranquille,
A ces tombeaux tu peux pleurer.

Dans l'intérieur de la vallée, les mêmes cyprès règnent à l'entour. Au milieu est une fontaine dont l'eau, toujours abondante, arrose et nourrit le
gazon. Quelques tombeaux sont épars
çà et là ; les uns déja couverts par le
lierre, les autres encore ornés de guirlandes ; tous renferment la dépouille
mortelle d'un être qui aima la vertu.
L'honneur d'être enterré dans cette
belle vallée ne s'accordoit pas à tous les
morts ; c'étoit la récompense d'une vie
irréprochable : le village assemblé l'ad-
jugeoit.
Les bergers, parvenus à la fontaine,

s'arrêtèrent ; et Salvador éleva la voix :
Séparez-vous, s'écria-t-il ; vous vous
rassemblerez près de moi quand la
trompette sonnera. A ces mots, tout le
monde se disperse ; chaque veuve, chaque orphelin, court à la pierre qui
couvre l'objet de ses larmes. Timbrio,
Fabian, et les deux sœurs, ont perdu
de vue Elicio ; ils parcourent la vallée
en le cherchant.

Ils le découvrent bientôt à genoux
devant le tombeau de sa mère : ses mains
étoient jointes ; ses yeux, baignés de
pleurs, étoient tournés vers le ciel. O
ma mère, disoit-il, vous êtes sûrement
heureuse, puisque vous fûtes toujours
bonne : veillez sur moi de votre céleste
demeure ; faites que j'aime la vertu autant que j'aimai ma mère. En prononçant ces mots il pressoit son visage sur
la tombe, et ses larmes couloient le long
de la pierre.

Les quatre amans l'écoutoient en silence ; ils approchent, et Timbrio prenant la main du berger : Digne fils, lui
dit-il, vous pénétrez mon cœur de tendresse

dresse et de respect. Promettez - moi
d'être mon ami, et dès ce moment je
renonce au monde pour être berger avec
vous, pour habiter, avec Nisida, Blanche et Fabian, une cabane voisine de la
vôtre. Vous seriez trop près d'un malheureux, lui dit Elicio : depuis que j'ai
perdu ma mère, un seul sentiment pouvoit me faire aimer la vie; et demain je
ne reverrai plus celle qui en est l'objet.
Les deux sœurs, les deux amis, le pressèrent de s'expliquer davantage. Ce n'est
pas ici le lieu de vous parler de mes
amours, reprit le berger; quand nous
serons sortis de la vallée, je vous racon-
terai mes malheurs.

Il parloit encore : la trompette sonna.
Expliquez - nous, demanda Timbrio,
pourquoi Salvador nous rappelle. Pour
honorer, lui répondit Élicio, la cendre du
dernier berger que nous avons perdu. Ensuite nous entendrons l'histoire de sa vie,
qui nous sera chantée par la plus sage de
nos bergères.

Ils se rendent à la fontaine : tout le monde y étoit rassemblé. Leur vénérable con-

ducteur les guide vers un tombeau dont
la pierre encore toute blanche portoit cette simple épitaphe :

ICI REPOSE
UN BON FILS.

Salvador en fait trois fois le tour ; il pro-
nonce les prières accoutumées , brûle de
l'encens, répand de l'eau lustrale: ensuite
il prend par la main Galatée , et lui donne
le papier où étoit écrite l'histoire de celui
que l'on pleuroit. Une rougeur modeste
couvre le front de Galatée : elle se tient
debout près de la tombe, et tous les bergers l'écoutent en silence.

Des bergers de notre village
Lisis fut le plus amoureux :
Louise reçut son hommage,
Et partagea bientôt ses feux.
Il la demande à sa famille ;
Mais le père dit à Lisis :
Soyez riche autant que ma fille ;
Je ne la donne qu'à ce prix.

Hors son amour et sa chaumière,
Le pauvre Lisis n'avoit rien :
La cabane étoit pour sa mère,
Et pour Louise l'autre bien.
Il part, il quitte sa patrie ;
Il arrive au pays de l'or :
Là, par une honnête industrie,
Il amasse un petit trésor.

Lisis revient plein d'espérance ;
Louise est fidèle et l'attend :
Sa main sera la récompense
Des travaux d'un si tendre amant ;
Il va posséder son amie :
Mais, la veille d'un jour si beau,
Par une affreuse maladie,
Sa mère est au bord du tombeau.

Lisis tremblant court à la ville ;
Il ne songe plus aux amours :
Du médecin le plus habile
Lisis implore les secours.
Ma mère va m'être ravie,
Dit-il, embrassant ses genoux ;
Si votre art lui sauve la vie,
Ce que je possède est à vous.

Le médecin, par sa science,
Rend la mère aux vœux de son fils :
Le trésor est sa récompense ;
Plus de Louise pour Lisis.
Un autre épouse la bergère :
Lisis le voit sans murmurer ;
Et, l'air content près de sa mère,
Il mourut, et n'osa pleurer.

Galatée vint reprendre sa place. Mes amis, s'écria Salvador, votre cœur vous parle bien mieux que je ne pourrois vous parler. Vous pleurez tous d'attendrissement au récit d'une bonne action ; jugez quel doit être le plaisir de la faire !

Après ce peu de mots, le vénérable pasteur fit sortir les bergers de la vallée ; il rompit l'ordre de la marche, et tout le monde se dispersa dans les belles campagnes qu'arrose le Tage.

Les deux amis et les deux sœurs, qui n'avoient pas oublié la promesse d'Elicio, prirent avec lui le chemin de la fontaine des Ardoises. Le malheureux berger leur raconta son amour, et le désespoir mortel que lui causoit le mariage de Galatée. Fabian, Blanche et Nisida le consoloient : Timbrio songeoit aux moyens de lui faire épouser sa maîtresse.

Derrière eux, et à peu de distance, Galatée, Florise, Téolinde, Tircis et Damon, marchoient ensemble sans se parler. La fille de Mœris pensoit que le lendemain étoit le jour de son départ : Florise formoit le projet de la suivre en Portugal : la triste Téolinde envioit le sort de celles qui reposoient dans la vallée des tombeaux.

Pour aller à la fontaine des Ardoises il falloit quitter les bords du Tage, et traverser quelques collines couvertes de bois. Le chien d'Élicio, à qui l'on n'avoit pas permis ce jour-là de suivre Galatée, étoit resté dans le village. Il vit revenir quelques bergers ; et n'appercevant ni son maître ni sa maîtresse, il partit pour aller au-devant d'eux, et les joignit comme ils entroient dans les bois.

Après avoir été plus d'une fois d'une troupe à l'autre caresser Elicio et Galatée, le chien se met à courir dans la monta-

I 3

gne, et fait partir un petit chevreau sauvage, qu'il poursuit avec ardeur. Le chevreau fuit, et passe près des bergères ; la peur lui donne des forces : il gagne, sans être atteint, une caverne où il entre en bêlant. Le chien le suit : Galatée pousse des cris pour que l'on sauve le petit chevreau. Tout le monde accourt : on arrive à l'entrée de la caverne. Elicio s'étoit déja précipité après le chien.

Tircis, Damon, les deux amis, rassuroient en riant les bergères, et s'attendoient à voir paroître l'amant de Galatée portant le chevreau dans ses bras, lorsqu'un bruit affreux se fait entendre dans la caverne ; et l'on en voir sortir Elicio se débattant avec un homme dont l'aspect étoit effrayant. Il étoit couvert de haillons déchirés ; une barbe noire et épaisse lui cachoit la moitié du visage ; ses longs cheveux en désordre flottoient sur ses épaules ; ses bras nuds et nerveux pressoient Elicio pour l'étouffer. Le berger, non moins vigoureux, repoussoit de la main gauche la poitrine velue de l'homme sauvage ; et de la droite, en-

tortillée dans les cheveux de son ennemi,
il faisoit courber sa tête en arrière. Tous
deux en silence, les yeux étincelans et
fixés l'un sur l'autre, les jambes entrelacées, cherchoient mutuellement à se
terrasser.

Le chien d'Elicio n'avoit pas quitté son
maître, et faisoit des efforts pour le secourir : mais une chèvre sauvage l'occu-
poit assez lui-même. Attentive à ne jamais prêter le flanc, elle le poussoit devant elle en le menaçant de ses cornes,
tandis que le chevreau rassuré bondissoit
derrière sa mère, et sembloit braver celui qu'il avoit craint.

Tircis, Damon, et les deux amis, se
précipitent pour séparer les combattans.
Timbrio se saisit du sauvage ; il a besoin
de toute sa force pour le contenir : mais
Téolinde est évanouie, et tout le monde
vole à son secours. L'homme sauvage jette
les yeux sur elle ; il demeure immobile
en fixant ce visage pâle : bientôt, se dé-
gageant des bras de Timbrio, il saisit le
chevreau, cause innocente de tant d'ac-
cidens, tombe à genoux devant Téolinde,

I 4

et le lui présente d'un air soumis. A peine
la bergère a-t-elle repris ses sens, qu'elle
s'élance au cou du sauvage : Ah ! c'est
toi, s'écrie-t-elle, Artidore, mon cher
Artidore ! tu n'as donc pas oublié Téolinde..... Au nom de Téolinde, Artidore
change de couleur : il se relève ; et regardant la bergère d'un air égaré : Téolinde !..... dit-il ; elle m'a trompé : je
m'en souviens bien. Est-elle ici ? la con-
noissez-vous ? Oui, lui répond la bergère d'une voix tremblante ; elle est ici ;
elle ne vit que pour toi. Ecoutez, interrompt Artidore en lui parlant à voix basse,
il faut que vous me conduisiez vers elle ;
je veux lui reprocher sa perfidie, lui dire
que je ne l'aime plus : ensuite nous re-
viendrons ensemble habiter ma caverne ;
vous serez ma bonne amie, et je vous
donnerai mon chevreau.

Téolinde, à ce discours, vit bien que
la douleur avoit égaré la raison du malheureux Artidore : elle le regarde, pleure ;
et lui serrant la main avec tendresse : Je
le veux bien, dit-elle : je ne te quitterai
plus ; je suis avec toi jusqu'au dernier

jour de ma vie ; j'espère te prouver que
Téolinde né fut pas coupable. En disant
ces mots , elle prend le bras d'Artidore,
et l'entraîne avec elle dans la route qui
conduisoit à la fontaine. La chèvre et le
chevreau les suivent; le reste des bergers
marche à quelque distance, impatient de
voir la fin de cette aventure.

Pendant le chemin , Téolinde fait ses
efforts pour ménager une reconnoissance
qu'elle craignoit et souhaitoit. Attentive
à ne rien dire qui puisse déplaire à son
amant, elle parle avec précaution d'elle-
même, rappelle doucement leurs amours,
raconte l'histoire de sa sœur jumelle , et
tous les chagrins qu'elle lui causa : elle
observe l'effet de chaque parole sur le visage d'Artidore ; suit pas-à-pas les pro-
grès qu'elle fait faire à sa raison , et em-
ploie toute l'adresse de son esprit pour
ramener le cœur de son amant. Artidore
l'écoute, comme un homme qui sort d'un
long sommeil; il répond juste à quelques
questions, il fait répéter les autres : peu-
à-peu sa mémoire , ses idées reviennent.
L'amour lui avoit ôté la raison, l'amour

I 5

devoit la lui rendre. Il s'arrête, il considère Téolinde, la reconnoît, tombe à
ses pieds, la serre dans ses bras; et ses
larmes prouvent à la bergère que son
amant n'est plus insensé.

Ils étoient arrivés à la fontaine, où
tout le monde les joignit. Florise et Galatée avoient raconté pendant le chemin
ce qu'elles savoient des amours d'Artidore et de Téolinde. Après avoir félicité
cette bergère, on la pria d'engager son
amant à reprendre le récit de ses aventures au moment où la sœur jumelle l'a-
voit si cruellement trompé. Artidore y
consentit; et, quoiqu'un peu honteux de
l'état où il se trouvoit, il continua ainsi
son histoire :

Le discours de la fausse Téolinde m'a-
voit jetté dans un désespoir mortel.
Je résolus de fuir à jamais celle que je
croyois perfide. Je voulus cependant lui
dire encore que je l'aimois, et je gravai
mes adieux sur un peuplier. Je ne me
souviens plus de ce que j'écrivis. Depuis
ce moment ma foible raison s'aliéna :

j'errai sans but dans la campagne, et je
fus quatre jours sans prendre de nourriture. Cette abstinence acheva de troubler
ma tête : je ne me rappelle que confusé-
ment ce que je devins ; deux seules choses sont restées dans ma mémoire.

Je descendois une petite colline qui ne
doit pas être loin d'ici : tout-à-coup j'entends du bruit dans les broussailles, et
j'apperçois ce petit chevreau, que voilà
couché près de moi, fuyant pour éviter
un loup furieux qui le poursuivoit la gueule
béante. Mon premier mouvement fut de
me jetter sur le loup ; je n'avois point
d'armes. Obligé de lutter avec le féroce
animal, nous roulons ensemble sur la
poussière. L'égarement de ma raison
ajoutoit sans doute à mes forces, en
m'empêchant de voir le danger : j'étouf-
fai le loup dans mes bras ; et, sans regarder si le chevreau me suivoit, je pour-
suivis ma route jusqu'à la caverne où
vous m'avez trouvé.

Son obscurité, son éloignement de toute habitation, me la firent choisir pour
mon tombeau. Je pénètre dans l'inté-

I 6

rieur, je vais m'asseoir sur une pierre : et
là, me rapelant la perfidie de Tćolinde,
ma raison revint un moment pour me faire sentir tous mes maux. Résolu de ne
plus sortir de cette caverne, je roule une
grosse pierre pour en fermer l'entrée. Em-
prisonné dans ma tombe, j'en ressens une
affreuse joie : je m'étends sur la terre,
avec l'espérance de ne plus me relever

J'étois dans ce calme du désespoir, ne
craignant ni ne désirant que mon supplice
fût long, lorsqu'un bêlement plaintif
vient frapper mon oreille : j'écoute, je
l'entends encore : il sembloit venir de l'entrée de la caverne. Malgré moi je suis
ému ; je me lève, j'y cours, et j'aperçois
le petit chevreau que j'avois sauvé, qui
passoit son nez blanc entre la pierre et le
rocher, et me demandoit de lui ouvrir.

Mes yeux se mouillèrent : je repoussai
la pierre avec précaution. Dès que l'ou-
verture fut assez large, le chevreau entra,
suivi d'une chèvre : elle étoit blessée, et
son sang couloit. A peine arrivée, elle se
couche à mes pieds, soulève sa tête et la
laisse retomber, en haletant de fatigue et

de douleur : le petit chevrevrau tourne
autour de moi , bêle douloureusement ,
va lécher la plaie de sa mère , et revient
me caresser , comme pour me prier d'en
prendre soin.

J'examinai la blessure ; je reconnus la
dent du loup. Sur-le-champ je vais chercher de l'eau , je lave la plaie , j'étanche
le sang , et j'y fais tenir un appareil avec
des morceaux de mes vêtemens. Après
cette opération la chèvre me regarde avec
tendresse , se renverse doucement , me
tend ses mamelles pleines de lait , et semble m'inviter à partager la nourriture de
l'enfant que je lui avois rendu.

Toutes les consolation humaines n'au-
roient pu m'empêcher de mourir ; cette
chèvre et ce chevreau m'attachèrent à la
vie. Résolu de passer mes jours avec eux,
j'allai chercher une provision d'herbes et
de fruits, et j'arrangeai la caverne de manière qu'elle fût commode pour nous trois.
Le lendemain je pensai de nouveau la plaie;
au bout de quatre jours elle étoit guérie,
et la chèvre sortoit , quelquefois seule ,
quelquefois avec son chevreau; qui nous

suivoit également tous deux. J'errois de
mon côté dans les montagnes voisines de
ma caverne : tous les soirs nous nous re-
trouvions. Quand j'avais rencontré dans
mes courses du serpolet ou du cytise, j'en
apportois à ma compagne ; elle le man-
geoit dans ma main : je mangeois mes
fruits, et le petit chevreau tettoit. Après
notre repas, j'allois fermer avec la pierre
l'entrée de notre demeure, et, couchés
sur la mousse et les feuilles sèches, nous
nous livrions au sommeil.

Aujourd'hui la chaleur du jour avoit
empêché la chèvre et moi-même de sortir
de notre caverne ; le petit chevreau avoit
long-temps sautillé près de l'entrée : je
l'y crois encore, quand je l'ai vu revenir
tout tremblant et poursuivi par un chien.
Bientôt après un homme a paru J'avoue
qu'à cet aspect je n'ai pas été maître de
ma fureur : je me suis élancé sur lui avec
le projet de l'étouffer, tant j'étois indigné qu'un homme vînt me ravir les seuls
amis qui me restoient. Vous avez été les
témoins de mon combat et de son heureuse fin. C'est aujourd'hui le plus beau

jour de ma vie : j'ai retrouvé ma Téolinde , je sens revenir ma raison. Je vais passer ma vie avec celle que j'ai toujours
adorée , et ma chèvre et mon chevreau
ne me quitteront pas. En disant ces mots ,
il les caressoit d'une main , et tendoit
l'autre à Téolinde.

Le récit d'Artidore avoit attendri tout
le monde ; on le remercia les larmes aux
yeux. Il pria tout bas Élicio de lui donner
les moyens de couper sa longue barbe ,
et de prendre un autre habit. Venez avec
moi, lui dit le berger ; j'ai dans ma cabane tout ce qui vous est nécessaire. Al-
lez , ajouta Timbrio , nous vous atten-
drons ici ; et, pendant votre absence , je
préparerai ce que je dois dire au père
de...... Il s'arrêta ; Galatée rougit. Artidore partit avec Élicio : Téolinde lui re-
commanda de n'être pas long-tems ; et la
chèvre et le chevreau le suivirent.

Galatée avoit entendu que Timbrio
vouloit se consulter pour aller parler à
son père : elle comprit que sa présence le
gêneroit ; et feignant d'être obligée du

retourner à sa maison, elle prit congé de Blanche, de Nisida, de Téolinde, et gagna le village seul avec sa chère Florise.

Elles en étoient peu eloignées, lorsque quatre hommes, sortis de derrière une haie, saisissent les deux bergères, les empêchent avec des mouchoirs de jeter des cris, et les forcent de monter sur deux mules qu'ils tenoient là toutes prêtes. Galatée et Florise obéissent en tremblant ; les quatre ravisseurs montent à cheval, placent au milieu d'eux les mules, et fuient au grand galop vers la frontière de Castille.

Ces ravisseurs étoient les quatre Portugais arrivés dans la maison de Mœris depuis deux jours. ils s'étoient apperçus du froid accueil de tout le village : la manière dont Elicio les avoit regardés pendant le souper, et les coups-d'œil qu'il jetoit sur Galatée, leur avoit fait soupçonner la vérité. Le retard demandé par Mœris pour aller à la vallée des tombeaux, le refus des habitans de les laisser venir à cette vallée, leur avoient semblé un prétexte et une insulte. Ils craignirent de retourner sans Galatée, et se décidèrent à un enlèvement qui devoit leur être pardonné quand la fille de Mœris auroit épousé leur maître. Tout leur avoit réussi; ils fuyoient avec leur proie : mais l'Amour veilloit sur Galatée.

Artidore, après avoir pris des habits dans la cabane d'Elicio, revenoit avec lui à la fontaine : ils voient de loin les quatre cavaliers, et reconnoissent les bergères. Elicio jette un cri, et vole à sa maî- tresse. De ses deux mains il arrête les mules : un Portugais lève le bras pour le percer d'un pieu ferré : Artidore étoit accouru, et, d'un coup de bâton, il casse le bras du barbare. Les deux ber- gères profitent du moment, elles glissent à terre, et, reconnoissant les lieux, elles courent chercher du secours à la fontaine. Pendant ce temps Elicio avoit ramassé le pieu du blessé; et se rangeant près d'Artidore, ces deux braves bergers à pied, armés seulement d'un bâton et d'un pieu, font tête aux trois lâches ca- valiers qui veulent venger leur compa- gnon.

Ce combat inégal se soutient ; mais le courage alloit céder à la force. Elicio, blessé au bras, ne peut plus se défendre, quand Timbrio, l'épée à la main, tombe comme la foudre sur les Portugais. Du premier coup il fait voler la tête de celui qui pressoit le plus Elicio. Tircis, Damon, Fabian, arrivent, et les deux ennemis qui restoient, prennent la fuite à toute bride.

La blessure d'Elicio n'étoit pas dangereuse ; mais il perdoit beaucoup de sang. Galatée en est alarmée ; elle l'étanche avec son mouchoir ; elle panse elle-même la plaie : cet appareil seul devoit guérir Elicio. On le ramène au village, le bras en écharpe ; Galatée le soutient dans sa marche, et cette faveur le paie trop du danger qu'il vient de courir.

On arrive chez Mœris ; le vieillard, indigné de l'attentat des Portugais, déclare qu'il se croit dégagé de sa parole. Voilà, lui dit Timbrio, en lui présentant le blessé, voilà le libérateur de votre fille : Elicio mérite de posséder celle

qu'il a sauvée. Sa pauvreté seule a pu
vous faire balancer ; mais je suis riche,
et je veux..... Comme il disoit ces
mots, on entend un grand bruit à la
porte de la maison : on regarde, on
voit entrer dans la cour un bélier su-
perbe, orné de rubans, et peint de différentes couleurs. Son énorme sonnette se
distinguoît parmi celles de cent brebis
qui le suivoient, chacune avec son
agneau. Erastre venoient après elles :
deux chiens l'accompagnoient. Il entre,
laisse à ses chiens la garde du beau
troupeau, et, la houlette à la main, il
vient parler au père de Galatée.

Mœris, lui dit-il, j'étois amoureux
de ta fille, et je pouvois la disputer au
Portugais à qui tu la donnes. Mais je
me rends justice ; ni ce Portugais ni moi
ne méritons Galatée : le seul Elicio est
digne d'elle. Tu peux en croire cet aveu
de la bouche de son rival. Tu exiges que
ton gendre soit riche : regarde ce beau
troupeau, qui vaut seul un héritage ;
il est à Elicio. Ce n'est pas moi qui le
lui donne ; je n'ai fait que parcourir les

hameaux voisins. Elicio a tant d'amis,
que chacun d'eux ne lui donnant qu'un
agneau avec sa mère, en deux jours j'ai
formé ce troupeau.

Il n'avoit pas fini de parler, qu'Elicio
le baignoit de ses pleurs. Ah ! mon ami,
lui dit-il, quel que soit mon sort, ton
amitié le rend digne d'envie : je n'ose
espérer Galaté ; mais..... Elle est à toi,
s'écria Mœris les larmes aux yeux. Viens,
ma fille, je te donne à ton libérateur ;
viens embrasser ton époux. Galatée,
vermeille comme la rose, approche, et
craint d'avancer trop vîte : Elicio étoit
à genoux, et lui tendoit avec respect
le seul bras qu'il avoit de libre. Galatée
le regarde, s'arrête, baisse les yeux, et
devient plus vermeille encore. Son père,
qui jouit de ce tendre embarras, la
prend par la main, la conduit à son
heureux époux : là, il fallut encore qu'il
la forçât d'approcher son visage du sien ;
et ce baiser fut le premier que Galatée
eût reçu dans toute sa vie.

Alors on raconte à Erastre l'enléve-
ment de Galatée et de Florise. Timbrio

vient à lui : berger, dit-il , vous m'avez
ravi le plus beau moment de ma vie : je
voulois partager mon bien avec Elicio ,
pour lui faire épouser Galatée ; vous m'a-
vez prévenu. Vous ne l'aimez pourtant
pas plus que moi , mais vous l'aimez depuis plus long-tems, il est juste que vous
soyez préféré. J'espère du moins, ajouta-
t-il en élevant la voix , que l'on me per-
mettra d'accomplir un autre dessein. Je
veux faire quatre parts de ma fortune : la
première doit appartenir à mon ami Fabian ; j'offrirai la seconde à Téolinde et
Artidore, pour les engager à se fixer ici ;
la troisième sera partagée par les mains
de Salvador aux pauvres de ce village ; et
de la quatrième on achetera une maison,
des champs et un troupeau pour Nisida
et pour moi. Oui , mes bons amis, je serai berger; je finirai mes jours avec vous,
avec Fabian : nos cabanes seront voisines,
nos ménages seront unis, nous devien-
drons l'exemple du village ; et nous vieil-
lirons tous ensemble dans la paix, la joie
et l'amour.

Tout le monde remercia Timbrio :

Artidore et Téolinde l'embrassèrent. Mœris voulut que ce soir même tous les contrats fussent rédigés. Il court répandre dans le village la nouvelle de tant d'heureux événemens, et ramène avec lui l'alcade et le vénérable Salvador.

Les contrats furent bientôt faits. L'on convint que dès le lendemain Timbrio renverroit toute sa suite à Tolède, avec un homme de confiance qui donneroit de ses nouvelles aux parens de Nisida, et rapporteroit en argent comptant la fortune de son maître. Pendant ce voyage, Mœris devoit acheter les troupeaux et les fermes des nouveaux bergers; et, en attendant que tout fût prêt, Timbrio et Fabian, avec leurs épouses, devoient demeurerc hez Mœris, et Téolinde et Artidore chez Érastre.

Il ne restoit plus qu'à fixer le jour des quatre mariages. Elicio, malgré sa blessure, décida que ce seroit le lendemain. Le sage Salvador ne put obtenir de lui qu'il différât; et les autres époux, sans le dire, étoient de l'avis d'Elicio.

On se mit à table; chaque amant fut

placé près de sa Maîtresse. Après le repas, on alla s'asseoir au jardin : là, sous une belle treille, au clair de la lune, et sur des siéges de gazon, l'on voulut finir par des chants cette heureuse journée. L'un prend sa flûte, l'autre sa musette : on fait un cercle, au milieu duquel sont placés Mœris et Salvador ; et les amans chantent ces paroles.

TIMBRIO.

Je méprisois cette foule importune
  De mortels dignes de pitié,
Qui laissent le repos, l'amour et l'amitié,
  Pour courir après la fortune.
  Aujourd'hui mon cœur leur pardonne,
  Et n'a plus de mépris pour eux :
  Je sens que l'argent rend heureux,
Mais c'est au moment qu'on le donne.

BLANCHE.

Long-temps j'ai douté de ta foi,
Sans rien perdre de ma tendresse ;
Un jour de plus passé sans toi,
J'allois mourir de ma tristesse.

J'ai retrouvé l'objet cher à mon cœur;
L'amour et l'amitié me fixent au village:
Pour rendre grace au ciel de mon bon-
    heur,
J'irai souvent à l'hermitage.

ARTIDORE.

J'ai cru ma bergère capable
De la plus noire trahison,
Et la perte de ma raison
Punit un soupçon trop coupable.
Je revois celle que j'adore,
Je sens ma raison revenir :
Ah ! ce n'est pas pour en jouir ;
L'amour va me l'ôter encore.

GALATÉE.

Te souviens-tu de ce beau jour,
Où, d'un air si doux et si tendre,
Tu vins me supplier d'entendre
L'aveu de ton fidèle amour?
Je t'écoutois, toute honteuse ;
Mais le plaisir faisoit battre mon cœur;
Tu me demandois ton bonheur,
Et c'étoit moi que tu rendois heureuse.
                            ÉLICIO,

ELICIO.

L'amitié suffisoit pour embellir ma vie,
  Et l'amour seul auroit fait mon bon-
    heur.
J'obtiens tout ; je possède une amante
      chérie,
  Et mon ami devient mon bienfaiteur.
    Hélas ! comment pourrois-je dire
  Les sentimens que j'éprouve en ce jour?
Heureux par l'amitié, couronné par l'a-
    mour,
    Mon pauvre cœur n'y peut suffire.

Il étoit temps de se retirer. Blanche,
Nisida et Téolinde restèrent chez Galatée, Timbrio, Fabian et Elicio allèrent
coucher dans la maison de Salvador. Le
lendemain, avant l'aurore, les quatre
amans frappoient à la porte de Mœris.
Timbrio et Fabian portoient déja la panetière et la houlette. Tous les habitans,
instruits dès la veille, avoient préparé
pendant la nuit des fêtes plus belles que
celles de Daranio. On attendit quelque
temps, parce que le bon Mœris dormoit

encore ; mais il parut bientôt , suivi de sa fille , de Téolinde, et des deux sœurs habillées en bergères. Le bon Erastre donna la main à Galatée, et la conduisit au temple au milieu des acclamations. Salvador unit les quatre amans, et le ciel bénit leurs mariages. Tous leurs projets s'exécutèrent, ils furent heureux, vécurent long-temps, et s'aimèrent toujours. Leur mémoire est encore honorée dans le beau pays qu'ils habito...

F I N.

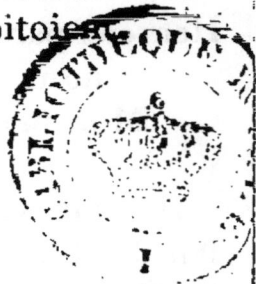

De l'Imprimerie de J.-B. IMBERT, rue du Marché-Neuf, n° 40.

www.ingramcontent.com/pod-product-compliance
Lightning Source LLC
Chambersburg PA
CBHW072021080426
42733CB00010B/1778